Petit éloge des ANTI-héroïnes de séries

Les Pérégrines : un mot au féminin pluriel pour évoquer nos féminismes ; un nom en hommage au roman éponyme de Jeanne Bourin, grand-mère et figure d'inspiration d'Aude Chevrillon, la directrice de la maison.
Notre ambition : vous proposer un voyage intellectuel en publiant des textes toujours pertinents, souvent impertinents, qui, par des voix fortes et hardies, des plumes belles et singulières, observent le monde par différentes fenêtres, nous amènent à faire un pas de côté, nous poussent à mieux appréhender l'autre, l'étrangeté, la diversité, nous livrent des trajectoires inspirantes pour dessiner une société plus humaine.

Couverture et mise en page : Flora Monnin

Éditions Les Pérégrines
21, rue Trousseau 75011 Paris
www.editionslesperegrines.fr

Anaïs Bordages et Marie Telling

Petit éloge des ANTI-héroïnes de séries

Éditions Les Pérégrines

À nos mères.

Nos anti-héroïnes

Être parfaite, c'est surfait. Dans sa première ébauche, ce livre était censé faire l'éloge des héroïnes de séries télé. Nous aurions parlé de Buffy Summers (*Buffy contre les vampires*), Dana Scully (*X-Files*), Sydney Bristow (*Alias*), Kara « Starbuck » Thrace (*Battlestar Galactica*), Michonne (*The Walking Dead*), Leslie Knope (*Parks and Recreation*)... Des femmes qui ont énormément compté pour nous, et dont l'importance culturelle a, pour beaucoup d'entre elles, déjà été établie. Mais en faisant la liste de toutes les héroïnes qui nous semblaient incontournables, nous nous sommes vite aperçues que celles qui nous galvanisaient le plus étaient souvent compliquées, imparfaites, difficiles à aimer. Nos voix s'emballaient dès qu'on commençait à parler de celles qui étaient un peu coincées, méchantes, amorales, voire carrément tordues. Celles qui avaient mauvaise réputation, qui faisaient tout de travers, ou qui avaient été injustement desservies par les fans et les scénaristes, mais que l'on avait envie de défendre corps et âme. Le projet nous est alors apparu comme une évidence : nous voulions faire l'éloge des anti-héroïnes. Malgré tout notre amour pour Buffy, nous avions aussi envie de déclarer notre flamme à la peste de Sunnydale, Cordelia. Nous voulions faire la lumière sur des personnages féminins trop souvent omis des discussions ou pris à la légère, comme Martha Hanson de *The Americans*, ou Betty Draper dans *Mad Men*. Nous avions envie de comprendre pourquoi des personnages comme Hannah Horvath (*Girls*) ou Skyler White (*Breaking Bad*) étaient si universellement détestés. Et pourquoi toutes les fans de *Sex and the City* refusaient d'être comparées à Charlotte York. Nous voulions rendre hommage aux tarées les plus délicieusement manipulatrices du petit écran, comme Jenny Schecter (*The L Word*) ou Kimberly Shaw (*Melrose Place*). Et nous souhaitions remercier toutes celles qui, en exposant leurs vilains défauts, nous avaient appris à aimer les nôtres.

La figure de l'anti-héros masculin est omniprésente dans les productions télévisuelles et leurs analyses depuis au moins deux décennies. Plusieurs livres ont été consacrés à ces hommes imparfaits et ambigus, de Tony Soprano (*Les Soprano*) à Walter White (*Breaking Bad*) en passant par Vic Mackey (*The Shield*) ou

Don Draper (*Mad Men*). Si bien que les personnages masculins moralement troubles sont devenus des évidences dans la pop culture. Ce qui est beaucoup moins le cas pour les personnages féminins, chez qui la moindre imperfection est plus subversive. Dans la fiction comme dans la réalité, les femmes sont tenues à des standards de beauté et de perfection inaccessibles. Elles se doivent d'être irréprochables et de satisfaire des injonctions toujours plus contradictoires, sous peine d'être immédiatement discréditées, jugées ou considérées comme repoussantes.

Pourtant, les séries regorgent de personnages féminins complexes qui méritent d'être analysés. Ces programmes sont par définition conçus pour durer des mois, voire des années, ce qui permet souvent aux personnages, qui vieillissent à l'écran, d'être infiniment plus nuancés que dans de nombreux films. La télé est aussi une industrie plus féminine que le cinéma, moins auteuriste, axée sur la collaboration entre une multitude de scénaristes et réalisateurs. Avec des programmes traditionnellement destinés aux ménagères et un accent mis sur l'efficacité de l'écriture plutôt que la virtuosité de l'image, le petit écran est encore aujourd'hui victime d'un certain mépris culturel. Pourtant, les budgets moins importants et le système de production moins verrouillé des séries ont aussi permis à une multitude de voix marginalisées d'exister. La télé est un espace où des créatrices pionnières ont pu réinventer la représentation féminine, de Lucille Ball à Mary Tyler Moore en passant par Shonda Rhimes, Jenji Kohan, Michaela Coel, Ilene Chaiken, Fanny Herrero, Phoebe Waller-Bridge ou Pamela Adlon. Un refuge pour des actrices expérimentées, lassées de ne pas trouver assez de rôles à leur taille au cinéma, comme Viola Davis, Maggie Gyllenhaal, Jessica Lange, Reese Witherspoon et Nicole Kidman, ces dernières étant également devenues deux des productrices de séries les plus prolifiques de ces dernières années. Autant de conditions qui permettent le développement de personnages féminins uniques, variés, et merveilleusement imparfaits.

Alors que la diversité des portraits féminins à l'écran ne cesse de progresser, les figures de « femmes badass » et les « personnages féminins forts » sont devenus des poncifs de plus en plus lassants. Ces femmes qui ne manquent jamais de répartie ni de courage, fixent la caméra d'un air déterminé (coucou June de *The Handmaid's Tale*) et n'expriment jamais la moindre vulnérabilité nous paraissent parfois creuses, et tout droit sorties d'un moule qui érige des attributs masculins en qualités sacro-saintes. C'est notre lassitude face à l'utilisation de plus en plus cynique de ce cliché à Hollywood qui nous a donné envie de mettre en avant des héroïnes faillibles.

Les femmes que vous trouverez dans ce livre ne sortent pas de nulle part et doivent beaucoup à des figures bibliques, historiques ou littéraires comme Dalila, Cléopâtre, Phèdre, Lady Macbeth, la marquise de Merteuil, Emma Bovary, Jane Eyre, Emma Woodhouse, Cruella d'Enfer, Mildred Pierce ou encore Nana. Comme elles, nos anti-héroïnes peuvent être vaches, ingrates, revêches, coincées, obsédées, tordues, hystériques ou carrément malveillantes. Certaines sont assez populaires, d'autres sont haïes par le grand public. Chacune à leur manière, elles contribuent à élargir les normes jusqu'à récemment très restrictives de la représentation des femmes à l'écran et brisent l'idéal de perfection féminine. Comme beaucoup de femmes, nous avons souvent eu le sentiment de ne pas être assez douces, assez jolies, assez empathiques, assez maternantes, assez discrètes, assez calmes. D'où notre immense affection pour ces anti-héroïnes.

Nous les avons classées dans des chapitres qui font référence aux clichés sexistes les plus souvent utilisés pour désigner et critiquer les femmes qui ne rentrent pas dans le moule. Non parce que nous adhérons à ces qualificatifs réducteurs et misogynes – même si s'en réapproprier certains peut parfois être libérateur –, mais pour souligner le caractère exclusivement féminin de ces insultes (sauf pour les psychopathes, mais elles sont tellement fun qu'on n'a pas pu résister). Certaines des héroïnes de ce livre auraient pu entrer dans plusieurs catégories. Dans ces cas-là, nous avons choisi l'aspect de leur personnage le plus critiqué, le plus repoussant – ou le plus fascinant.

Malgré notre amour obsessionnel des séries télévisées, nous ne les avons évidemment pas toutes vues, et cette sélection n'est donc pas exhaustive. Elle correspond à nos goûts personnels, et si ces personnages nous paraissent les plus emblématiques du concept d'anti-héroïne, nous savons qu'il en existe beaucoup d'autres. Ces dix dernières années, la production télévisuelle a explosé, et ce phénomène d'expansion, appelé Peak TV, a mené à la création d'une multitude de personnages féminins fascinants. Des séries chorales comme *Orange Is the New Black* ou *G.L.O.W.* en ont même fait leur principe narratif. C'est la preuve de l'immense progrès opéré par la télé, et à ce rythme, nous pouvons nous réjouir à l'idée d'en découvrir de nombreuses autres dans les années à venir. Des personnages tellement complexes et variés que les catégories que nous avons adoptées pour ce livre deviendront définitivement obsolètes.

⏭ Spoilers

On sait que pour beaucoup de gens, les spoilers figurent très haut dans la liste des choses les plus terrifiantes qui soient, au même titre que les clowns, les plaies infectées et les crashs d'avions. Mais il nous semblait impossible d'analyser la trajectoire narrative de tous ces personnages féminins, appartenant pour la plupart à des séries déjà achevées, sans révéler des points-clés de l'intrigue. Comme nous ne souhaitons pas avoir de traumatismes de lecteurs et lectrices sur la conscience, vous trouverez dans la marge, pour les séries les plus récentes ou encore en cours de diffusion, le symbole ⏭ indiquant les plus gros risques de spoilers.

Les mères indignes

La vie d'une femme est faite d'injonctions. Il faut être cool sans être vulgaire, pudique sans être prude, jolie sans trop prêter attention à son apparence… Mais il y a peu de domaines où les femmes sont autant victimes du jugement des hommes, de leurs pairs et de la société que la maternité. Les critères pour être un bon père sont très simples : il suffit d'être présent et d'« aider » sa compagne dans l'éducation des enfants pour voir ses efforts salués. Pendant ce temps, de la grossesse jusqu'à la tombe, la prestation de la mère est scrutée et évaluée. Il n'y a qu'à observer la pression autour de l'allaitement pour comprendre toute la culpabilisation que l'on inflige aux femmes dès la naissance de leur enfant. Dans son livre *Choisir d'être mère* (JC Lattès, 2022), la journaliste Renée Greusard décrit les injonctions contradictoires à ce sujet : « Et au milieu toujours… nous, les femmes. Celles qu'on contraint d'allaiter alors qu'elles ne veulent pas, celles qui n'allaitent pas et qu'on juge mauvaises mères, celles qui allaitent et qu'on juge trop soumises à leur bébé, pas assez libres et détendues, celles qui allaitent et qu'on juge déviantes parce que ça dure trop longtemps, celles qui allaitent mais pas assez bien parce qu'elles ont le malheur de s'offrir parfois la détente d'un biberon ou d'une tétine. Au milieu les femmes donc, pour qui il n'est jamais possible de s'en sortir indemnes. »

L'idéal délétère de la « mère parfaite » est lié au concept d'instinct maternel, cette faculté naturelle que toute femme digne de ce nom est supposée posséder. Et c'est précisément parce qu'il n'existe rien de plus subversif et contre-nature aux yeux du monde qu'une mère indigne que les femmes de ce chapitre sont si réjouissantes à observer, de Betty Draper, qui, quand son fils lui dit qu'il s'ennuie, lui conseille d'aller se frapper la tête contre un mur, à Livia Soprano, qui raconte des histoires d'infanticides à chaque repas de famille.

Précisons néanmoins que les mauvaises mères sélectionnées n'évoluent pas toutes au même niveau d'indignité. Certaines, comme Lois dans *Malcolm*, sont colériques ou ont des méthodes d'éducation peu orthodoxes tout en aimant profondément leurs enfants, quand d'autres… ont carrément causé la mort de toute leur progéniture (petite pensée pour Cersei).

Ce qu'elles ont en commun, c'est qu'elles bousculent tabous et clichés liés à la maternité. Livia Soprano, incarnation ultime de la matriarche monstrueuse à l'écran, est l'exemple, certes extrême, d'une femme qui a endossé son rôle de mère par obligation, sans avoir une once d'instinct maternel. Quant à Sam Fox, de *Better Things*, elle prouve que l'on peut être un parent exemplaire sans s'aligner sur les codes restrictifs imposés par la société.

On aurait aussi pu inclure Julie Cooper (*Newport Beach*), qui couche avec l'ex de sa fille ; Sharon Morris de *Catastrophe*, qui trouve le pénis de son fils « tellement mignon » ; ou Lucille Bluth d'*Arrested Development*, qui monte ses enfants les uns contre les autres et a plus d'affection pour son verre de vodka-tonic que pour son fils Gob. Les défaillances maternelles sont un tel marqueur de corruption morale chez les personnages féminins que nombre d'anti-héroïnes de ce livre auraient aussi pu figurer dans ce chapitre, comme Elizabeth Jennings (*The Americans*), qui fait passer son pays avant ses enfants, ou Selina Meyer (*Veep*), qui utilise sa fille comme souffre-douleur.

Qu'elles soient mauvaises, indignes ou déficientes, les mères de ce chapitre offrent en tout cas une vision de la maternité bien plus libératrice et décomplexante (y compris pour les deux femmes sans enfant que nous sommes) que l'image archétypale de la maman idéale.

Livia Soprano (*Les Soprano*)

« Alors on a fini, non ? Elle est morte. » Ces mots, adressés par Tony Soprano à sa psy après la mort de sa mère, auraient presque pu s'appliquer à la série elle-même, tant son existence est liée au personnage de Livia Soprano. Programme culte des années 2000, œuvre séminale de la télé prestige et de l'ère des anti-héros, *Les Soprano* est restée dans les esprits comme une histoire de mafiosi. Mais pour concevoir la série, David Chase, son créateur, s'est d'abord inspiré de sa propre mère. « C'est ma femme qui m'a dit de faire ça, raconte le scénariste dans le livre *The Sopranos Sessions*. Elle ne m'a pas dit quel genre de série cela devrait être, mais elle m'a dit : "Tu devrais faire une série sur ta mère. Elle est incroyablement drôle." J'étais d'accord avec elle, mais je ne savais pas comment m'y prendre. »

Dans le genre hommage filial, on a vu plus charitable que le personnage de Livia Soprano. Si dans *Game of Thrones*, Cersei détruit ses enfants malgré elle – c'est en tout cas ce que la série veut nous faire croire –, Livia, elle, nuit volontairement au bien-être de sa progéniture. Cruelle, culpabilisante, manipulatrice… Plus qu'une mauvaise mère, elle est l'une des plus grandes méchantes de l'histoire de la télé. Et dans une série peuplée de tueurs de sang-froid, elle accomplit la prouesse d'être le personnage le plus glaçant.

Dans les films de mafia, les femmes sont souvent reléguées aux rôles de bimbos, d'épouses mi-complices mi-crédules ou de mammas bienveillantes. Celles du *Parrain* (un classique constamment cité par les mafiosi des *Soprano* eux-mêmes) subissent plus qu'elles n'agissent : Connie, l'unique fille de Vito Corleone, est battue par son mari pendant tout le premier film et vit aux crochets de son frère dans le second. Apollonia, la première femme de Michael Corleone, meurt dans une explosion qui visait initialement son mari. Quant à Kay, seconde épouse de Michael, elle est répudiée et séparée de ses enfants après avoir osé demander le divorce. Le seul personnage féminin qui semble épanoui dans ce milieu est justement la matriarche, Carmela Corleone. Loyale, souriante et silencieuse, c'est la femme, et surtout la maman, idéale.

On est bien loin de l'acariâtre mère de Tony. Malgré un gros penchant pour la victimisation, Livia est une antagoniste redoutable et réalise l'exploit d'être puissante et insoumise dans un univers fondé sur l'hégémonie masculine. Mieux encore, elle utilise sa supposée vulnérabilité pour manipuler et protéger ses intérêts. Alors qu'elle est en train de vendre son propre fils à Junior, son oncle et principal rival, elle prévient : « Je ne veux pas me mêler de tout ça, je ne connais rien de ce monde. » Et quand la tentative de meurtre sur Tony échoue, elle est soudain victime de pertes de mémoire bien commodes pour pouvoir se dédouaner de toute responsabilité.

Livia est l'âme pourrie de son univers, le ferment des névroses de son fils, mais surtout la plus grande source de divertissement de la série pendant les deux premières saisons. Selon David Chase, elle était, avec Junior et Christopher, un des personnages pour lesquels les scénaristes préféraient écrire, en raison de son absence totale de filtre – trait de caractère qui sera souligné par Hesh Rabkin lors des funérailles de Livia, alors qu'il peine à lui trouver une qualité. La matriarche accueille Junior d'un « *you smell like a French putain* » (« tu sens la pute française »), assène des « *I'm nobody's darling* » (« je ne suis la chérie de personne ») et ponctue chaque dîner familial d'anecdotes sur des infanticides.

L'infanticide, justement, est ce qui a probablement fini d'inscrire Livia dans la légende des méchants du petit écran. A-t-elle vraiment commandité la mort de son propre fils ? La série laisse toujours planer une part d'ambiguïté sur le niveau d'intentionnalité de la mère de Tony. David Chase lui-même n'a pas la réponse. « Si je devais penser à ma propre mère, ma mère ne manipulait personne consciemment. Elle était incapable d'établir un plan. »

Malgré toute sa monstruosité, Livia reste une projection de la mère du créateur des *Soprano*, qui semble se servir de son œuvre comme d'une thérapie. Un poil méta pour une série qui met son personnage principal sur le divan. David Chase a d'ailleurs décrit sa relation avec sa propre psychothérapeute, qui a inspiré le personnage de Dr. Melfi, comme un *remothering*, une redécouverte de l'amour maternel. Cet amour maternel, ou plutôt son absence, forme l'ADN du personnage de Tony Soprano. Sous l'effet de ses antidépresseurs, le héros imagine une magnifique madone allaitant son bébé avec amour. Quand Jennifer Melfi lui demande de se remémorer un souvenir tendre de son enfance, le mafioso reste coi avant de déterrer une scène où sa mère et lui ont ri ensemble d'une chute de son père. Et quand Livia meurt enfin (du fait de la mort de Nancy Marchand, la prodigieuse actrice qui l'incarnait), Tony ne pleure pas sa mère mais finit par fondre en larmes devant une scène de film où une maman attend avec impatience le retour de son fils parti à la guerre.

Ultime preuve de cette thérapie sérielle, David Chase voulait à l'origine que Tony étouffe sa mère avec un oreiller après avoir appris sa trahison. Le créateur s'est finalement ravisé tant il aimait travailler avec Nancy Marchand et souhaitait faire évoluer l'intrigue avec elle. À la fin de la première saison, alors que Tony se dirige vers la chambre de sa mère pour la tuer, il la voit être embarquée par des équipes médicales. Elle vient d'avoir une attaque, dont on apprendra plus tard qu'elle a été déclenchée par toute la colère que Livia avait refoulée. Car si la série suit la thérapie de Tony et fait celle de David Chase lui-même, personne ne se soucie de Livia, dévorée par sa rage et sa rancœur. Dr. Melfi diagnostique indirectement la mère de son patient, estimant qu'elle souffre d'un trouble de la personnalité borderline. Surtout, la psy affirme, dès le second épisode, que « tout le monde n'est pas fait pour être parent ». Et le cœur du problème est peut-être là : Livia, qui considère les bébés comme des « animaux, pas différents des chiens », ne s'est jamais épanouie dans la maternité. Sa vraie vocation était ailleurs, comme le remarque Tony quand il lui dit : « Si tu étais née après ces féministes, ça aurait été toi la vraie gangster. » Mère indigne, Livia aurait en revanche fait un excellent parrain.

Betty Draper (*Mad Men*)

Dans la dernière saison de *Mad Men*, qui se déroule en 1969, Betty partage un rare moment de complicité avec son jeune fils, Bobby. Contre toute attente, elle a décidé de l'accompagner lors d'une sortie scolaire, et la réaction incrédule du garçon de douze ans en dit long sur la froideur de leurs relations. Dans le bus, mère et fils discutent amicalement : « On a eu une conversation ! » raconte Bobby, tout guilleret, à sa maîtresse. Tout se passe bien, jusqu'au moment du déjeuner, où Betty découvre que Bobby a échangé le sandwich qu'elle comptait manger contre des bonbons. En une seconde, elle redevient la mère sèche et cassante que l'on suit depuis plus de six saisons, sous le regard impuissant de son fils, bouleversé à l'idée de l'avoir déçue. Plusieurs heures plus tard, elle fera encore payer son erreur au petit garçon, à coups de remarques mesquines.

Betty est doucement monstrueuse dans ces scènes, comme souvent avec ses enfants. Sur les sept saisons de *Mad Men*, on peut sans doute compter sur les doigts d'une main les moments d'affection qu'elle partage avec eux. La jeune mère au foyer est constamment irascible, et si elle tente de maintenir une façade parfaite pour les adultes qu'elle côtoie, elle est froide, impatiente et cruelle avec sa progéniture, n'hésitant pas à menacer ses enfants, les humilier, voire les gifler. Sa plus grande souffre-douleur est son aînée, Sally, en qui elle voit le reflet de tout ce qu'elle-même ne peut pas être : une petite fille indépendante, pleine de caractère, et peu intéressée par les règles de la féminité et la bienséance. Obsédée par les apparences, Betty projette sur elle toutes ses insécurités et ses frustrations, et répète inlassablement que Sally est trop grosse (la petite fille a cinq ans lorsque la série démarre…).

Betty n'est certainement pas le personnage féminin le plus aimable de *Mad Men*, mais c'est peut-être le plus bouleversant. Lorsqu'elle s'en prend à Bobby pendant sa sortie scolaire, on peut aussi lire, dans son air pincé et son agressivité, la colère sourde qu'elle nourrit contre elle-même. Si elle s'est mis en tête de jouer à la mère parfaite, le temps d'un après-midi, c'est à la suite d'un déjeuner avec son amie Francine, ancienne mère au foyer qui travaille désormais comme voyagiste. Après avoir élevé trois enfants, cette dernière voit son retour à la vie active comme une « récompense ». Betty, qui n'a pourtant jamais semblé épanouie dans la maternité, rétorque, amère : « Je croyais que c'était eux, la récompense. » Elle tente alors de se prouver que son rôle de mère n'est pas si ingrat que veut bien le dire son amie. Que, contrairement à Francine, elle peut s'en contenter. Et lorsqu'elle n'y parvient pas, la déception n'en est que plus dévastatrice.

Betty Hofstadt, devenue Draper puis Francis, a passé sa vie à être définie par les hommes autour d'elle. Portrait craché de Grace Kelly (elle est incarnée par l'actrice January Jones), elle est toujours tirée à quatre épingles et respectueuse de l'étiquette en vigueur. Elle a étudié l'anthropologie à la prestigieuse université de Bryn Mawr et a démarré une carrière dans le mannequinat, avant d'épouser Don et de s'installer en banlieue pour élever leurs enfants. Bref, Betty est l'image d'Épinal de la bonne épouse des années 1950, que *Mad Men* n'aura de cesse d'écorcher pour en faire une figure tragique.

Derrière son extérieur calme et ses cheveux blonds parfaitement coiffés, l'héroïne semble couver une tempête permanente. Au début de la série, elle est en proie à une anxiété dévorante, asphyxiée par son quotidien de femme au foyer. Elle finira atteinte d'un cancer en phase terminale, condamnée par son plus fidèle mécanisme de défense : la cigarette. Dans les premières saisons de la série, elle n'est écoutée par personne et est privée de la moindre empathie. Lorsqu'elle tente de se confier à Mona Sterling sur la mort de sa mère, cette dernière ne lui offre qu'un sourire figé et gêné. Elle n'est jamais prise au sérieux, pas même par son propre mari, qui lui déconseille de voir un psychiatre alors qu'elle est paralysée par les crises d'angoisse.

Si la jeune femme s'en prend à ses enfants de manière aussi vicieuse, c'est parce qu'ils sont les seules personnes de son entourage sur qui elle a un ascendant. Betty est une mère cruelle, mais elle est aussi le produit d'une époque qui ne lui a jamais laissé la possibilité d'exister par elle-même. Ses explosions de rage contre ses enfants sont ainsi de tragiques exutoires pour une femme constamment infantilisée par tous ceux qui l'entourent. Elle est manipulée par Don, qui lui ment sur son identité et multiplie les infidélités, puis couvée et paternée par Henry, son second époux, qui l'aime sans réserve mais la traite comme si elle était en pleine crise d'adolescence.

C'est d'ailleurs la clé pour comprendre Betty : passée de l'autorité de son père à celle de son mari, elle n'a jamais eu la possibilité de grandir, et si elle refuse de s'occuper de ses enfants, c'est parce qu'au fond, elle *est* elle-même une enfant. La série souligne bien cette immaturité lorsque Betty se confie malgré elle à une pédopsychiatre, ou lorsqu'elle développe une amitié dérangeante avec Glen, le très jeune fils de la voisine qui en pince pour elle.

Aussi regrettable qu'elle soit, la cruauté de Betty est à la mesure de sa vaste solitude. Betty fait partie de ces mères « contre-nature », emprisonnées dans un idéal de perfection mortifère. Ses plus beaux moments dans la série sont ceux où elle décide, brièvement, de réclamer son autonomie : lorsqu'elle couche avec un inconnu croisé dans un bar en pleine crise des missiles de Cuba, ou dans cette scène mémorable où elle abat les oiseaux de son voisin au fusil à pompe. Contrairement à Peggy, autre héroïne de la série, Betty aura porté en elle toute sa vie le poids d'un potentiel inexploité. Lorsqu'elle se décide à reprendre ses études, il est trop tard : son diagnostic ne lui donne que quelques mois à vivre. Mais la dernière image d'elle dans les escaliers de l'université, enfin déterminée à poursuivre *son* désir tout en sachant qu'il n'aboutira à rien, est l'une des plus bouleversantes de la série.

Sam Fox (*Better Things*)

Contrairement à d'autres femmes de ce chapitre, Sam Fox est tout l'opposé d'une mauvaise mère. C'est même l'une des meilleures du petit écran. L'amour de cette actrice célibataire pour ses trois filles n'est jamais mis en doute, et on ne compte plus le nombre de scènes touchantes et inspirantes qu'elle partage avec elles. Pourquoi alors se trouve-t-elle ici ? Parce que, si on l'adore, c'est précisément pour la manière dont elle tord l'imaginaire de la mère parfaite.

Cocréée, écrite, réalisée, produite et incarnée par Pamela Adlon, *Better Things* est une ode décomplexante à la maternité, qui rappelle qu'entre tous les moments de bonheur, élever des enfants comporte aussi son lot de frustrations, d'inconfort, de sacrifices et d'erreurs. La série s'ouvre sur une scène dans un centre commercial, où Sam, visiblement agacée, ignore sa fille en train de pleurer à chaudes larmes. Alors qu'une passante la dévisage avec insistance, Sam finit par lui dire : « Si ça vous dérange, vous n'avez qu'à lui acheter les boucles d'oreilles à six dollars qu'elle veut absolument porter maintenant, alors qu'elle a les mêmes à la maison. Parce que c'est pour ça qu'elle pleure. Sinon, arrêtez de me fixer. »

Le ton est donné : Sam n'est pas une mère très politiquement correcte. Elle souffle, elle râle, elle jure, et elle organise des goûters juste pour draguer les autres parents d'élèves. Dans chaque épisode de la série, et ce malgré son emploi du temps d'actrice, elle passe son temps à accumuler les tâches plus ou moins ingrates : sortir les poubelles, faire le taxi, cuisiner, apporter des goûters à l'entraînement de foot, acheter des fournitures scolaires… Être mère, c'est épuisant.

Sam est parfois jugée pour ses méthodes d'éducation peu conventionnelles. Quand ses filles se brouillent, elle leur donne une minute pour s'insulter le plus violemment possible afin de crever l'abcès. Quand sa benjamine, encore à l'école primaire, dit son premier gros mot, elle n'est pas en colère mais émue. Et lorsque son aînée, adolescente, lui présente son premier petit ami, elle prend ce dernier à part au sous-sol, pointe son entrejambe du doigt et lui dit : « *Ça* n'a rien à faire près de ma fille. » Sam n'est pas la seule mère de la série : la sienne, qui vit de l'autre côté de la rue, est tout aussi excentrique, jardinant torse nu et s'immisçant sans cesse dans la vie intime de sa fille.

Mais en s'affranchissant de l'image de la parentalité parfaite, *Better Things* crée des moments d'une poésie à couper le souffle et réinvente la manière dont on peut montrer la famille à l'écran. Dans un épisode mémorable, Sam reproche à ses filles de la délaisser et exige qu'elles lui préparent un éloge funèbre. Dans une autre série, ce concept serait horrifique ou manipulateur, mais dans *Better Things*, cela crée un épisode de télévision plein de grâce. Sam Fox est une mère créative, caractérielle, excentrique et imparfaite, et on ne la changerait pour rien au monde.

Cersei Lannister (*Game of Thrones*)

Cersei Lannister (Lena Headey) aurait très bien pu appartenir au chapitre de ce livre sur les psychopathes. Après tout, elle est capable de tuer des centaines de personnes puis de siroter son vin, un sourire aux lèvres, en contemplant les dégâts. Et s'il fallait établir la liste des plus grosses tares de la reine de Westeros, ses défaillances en tant que mère ne seraient probablement pas dans le top 10. Au cours des huit saisons de la série, sa maternité est d'ailleurs présentée comme sa seule qualité rédemptrice. On nous le répète souvent : elle aime ses enfants, ils sont même sa principale raison de vivre. Mais aimer ne suffit pas pour être une bonne mère et c'est justement l'amour aveugle et obsessionnel de Cersei qui condamnera sa descendance.

Quand elle était adolescente, la future reine avait consulté une sorcière qui lui avait prédit qu'elle perdrait ses trois enfants. Une prophétie fondamentale pour comprendre cette mère, obnubilée par la sécurité de ses rejetons et les menaces qui pèsent sur sa famille. Sa devise? « Tous ceux qui ne sont pas nous sont nos ennemis. » Cette insularité, Cersei la pratique jusque dans sa couche puisqu'elle entretient une relation incestueuse clandestine avec son frère jumeau, Jaime. C'est lui le géniteur de ses trois enfants, et le secret autour de leur conception met leur vie en danger.

La consanguinité des enfants de Cersei explique en partie la corruption morale de son aîné. Cruel, lâche et sadique, Joffrey n'a absolument aucune qualité rédemptrice. Au lieu de le canaliser, Cersei encourage le prince héritier dans ses pires travers. Elle le pousse à mentir et sourit avec satisfaction quand elle le voit humilier son oncle Tyrion en public. Et quand la bataille de la Néra sévit, que le roi Joffrey est attendu sur le front, elle ordonne qu'il soit ramené dans sa chambre pour le protéger, au risque de le faire passer pour un lâche. Plutôt que de lui inculquer sagesse et humilité, elle l'invite à satisfaire ses plus bas instincts: « Si tu veux baiser des putains, tu baiseras des putains. Si tu préfères coucher avec des vierges nobles, fais-le.

Tu es mon enfant chéri et le monde sera exactement ce que tu veux qu'il soit. »

Après avoir fait de lui un parfait psychopathe, Cersei se retrouve dépassée par la cruauté de ce fils sur lequel elle n'a en réalité aucun contrôle. Mais l'hubris de Joffrey sera de courte durée puisqu'il est assassiné quelques mois après son accession au trône. Cersei sera la seule à le pleurer. Quant à Myrcella, la fille cadette de la reine, elle sera la victime collatérale des jeux de pouvoir de sa mère et finira empoisonnée par une ennemie des Lannister. Car à trop vouloir protéger les siens, Cersei finit par les isoler et multiplie les adversaires. Chacun de ses calculs pour protéger sa famille finit par se retourner contre elle.

Au début de la saison 6, la reine a donc perdu deux de ses enfants. Le troisième, Tommen, est désormais roi. Doux comme un agneau, il tombe fou amoureux de sa nouvelle épouse, Margaery Tyrell, une princesse qui cherche à asseoir le pouvoir de sa famille à travers son mariage. On pourrait penser que Cersei a appris de ses erreurs, qu'elle va tout faire pour préserver la paix et protéger son fils. Mais paniquée à l'idée de perdre son benjamin, elle finit par se livrer à une guerre de pouvoir pour écraser les Tyrell. Jusqu'à tuer Margaery dans l'explosion de Port-Réal. Témoin du meurtre, Tommen se défenestre, accomplissant la prophétie que sa mère redoutait tant.

Finalement, l'aspect le plus tragique de la personnalité de Cersei n'est peut-être pas son amour pour ses enfants mais son amour démesuré pour elle-même. Son père lui en fait le reproche dans les premières saisons de la série : Cersei a tendance à surestimer ses capacités et son intelligence. Après la mort de son dernier-né, sa raison de vivre, Cersei refuse de parler de leur fils à Jaime, balayant d'un revers de la main ses questions sur le deuil de ses enfants : « Je les aimais, mais ce ne sont plus que des cendres. Nous, nous sommes bien vivants. » La série aura beau nous répéter que la qualité rédemptrice de Cersei est son instinct maternel, difficile de ne pas voir en la reine de Westeros la pire des mères indignes. Un paradoxe qui s'explique surtout par un défaut dans l'écriture du personnage, les scénaristes de la série se reposant souvent sur la béquille de la maternité pour offrir une vulnérabilité un peu trop facile au personnage.

Lois Wilkerson (*Malcolm*)

Lois Wilkerson (Jane Kaczmarek) passe environ 80 % de son temps à hurler. Elle hurle sur tous ceux qui ne respectent pas le code de la route. Elle hurle sur les policiers qui bloquent son chemin à cause d'un accident. Elle hurle sur quiconque jette des détritus dans la rue. Mais surtout, elle hurle sur ses enfants.

Inlassablement, furieusement. Dans un épisode de la première saison, elle hurle tellement fort sur son fils Reese qu'elle se bloque le dos et doit rester alitée pendant plusieurs jours.

Les cris ne sont pas la seule arme à la disposition de Lois, qui a transformé l'éducation de ses quatre (puis cinq) garçons en véritable art de la guerre. Elle ne recule devant aucune méthode pour les faire plier. Elle les sermonne, les menace, les culpabilise et les punit. Dès le premier épisode, alors que Malcolm, son cadet, se plaint d'avoir à passer du temps avec un camarade de classe en fauteuil roulant, elle l'admoneste : « Vous, les enfants, vous ne pensez pas à la chance que vous avez d'avoir des jambes, comme si rien ne pouvait leur arriver. Vous vous trompez. Vous pourriez avoir une méningite, un accident de voiture... Je pourrais te briser la colonne vertébrale en te donnant une fessée. » Lorsqu'à l'approche des fêtes ses fils transforment le salon en champ de bataille, elle les enferme dans leur chambre, confisque cadeaux et sapin, et annule Noël pour les forcer à mieux se comporter. Et quand, un autre jour, elle retrouve une robe à moitié brûlée dans la cuvette des toilettes et qu'aucun de ses fils n'a le courage de se dénoncer, elle sort l'artillerie lourde : elle jette leurs jouets préférés à la poubelle, les force à tourner en rond jusqu'à ce qu'ils aient le tournis, les fait s'allonger sans bouger sous le canapé, les isole pour les interroger un par un, joue une horrible comptine pour enfants en boucle afin de les rendre fous et menace de faire voler la télé (leur bien le plus cher) en éclats à l'aide d'une massue. Son offensive est interrompue par un voisin inquiet qui, alerté par les hurlements incessants, vient frapper à la porte.

Cette guerre psychologique, Lois la mène au quotidien face à une progéniture souvent incontrôlable et toujours prête à faire des conneries. Et elle la mène seule, car la quadragénaire a un sixième enfant à gérer : son mari. Hal est gentil, plein de fantaisie, il aime sa femme plus que tout au monde. Il est adoré des fans de la série et de ses fils, aux yeux desquels il est le père idéal. En comparaison, sa femme est stridente, constamment énervée, et a tendance à surréagir à chaque provocation, sous les yeux excédés de ses enfants et ceux indulgents de son mari qui tente de la désamorcer. Mais si ce dernier a le beau rôle, c'est justement parce que c'est Lois qui fait tout le sale boulot. Elle s'occupe des tâches ménagères, multiplie les heures de travail au supermarché pour joindre les deux bouts, gère les conflits et réprimande ses enfants, pendant que son mari s'isole dans le garage pour avoir la paix. Quand elle lui demande de la soutenir lors d'une dispute avec Malcolm pendant le dîner, Hal évite toute confrontation et change de sujet pour se défausser.

Tout l'équilibre de la famille repose sur cette mère qui est, évidemment, épuisée. Plusieurs années avant que le concept de charge mentale ne devienne populaire, la quadragénaire en était déjà l'incarnation parfaite. Lorsqu'elle est alitée avec le dos bloqué, elle refuse de prendre des médicaments pour se soulager parce qu'ils lui font perdre la tête et qu'elle ne veut pas « laisser cette famille s'écrouler » en se shootant aux antidouleurs. Elle a beau passer sa vie à penser à sa famille, celle-ci ne pense que très rarement à elle. Le jour de son anniversaire, Lois donne dix dollars à chaque enfant pour qu'ils lui achètent un cadeau. Les garçons lui offrent un kit de réparation pour œil de verre, des pastilles pour la gorge et un magazine de motocross (que Reese « aimerait bien lire, une fois qu'elle aura fini »). Le tout leur a coûté huit dollars seulement – ils ont dépensé le reste de leur pactole dans des bonbons. Hal, lui, a carrément oublié l'anniversaire de sa femme. Démoralisée, Lois quitte le domicile familial. Quand sa famille la retrouve à la fin de l'épisode pour lui présenter ses excuses et promettre de mieux faire, Lois énumère les conditions de son retour à la maison : « Je ne veux plus qu'on m'ignore. [...] Je ne veux plus jamais avoir à rappeler à ma propre famille que c'est mon anniversaire. Un soir par semaine, je veux ne pas avoir à préparer le dîner, et je veux que vous mettiez votre linge sale dans le panier, pas sur le sol ou sur un abat-jour… » Quand ses fils et son mari acquiescent avec enthousiasme, elle s'exaspère : « Si c'est si facile, pourquoi est-ce que j'ai à vous le demander ? Si c'est si évident que j'ai besoin d'un peu plus de considération, je ne devrais même pas avoir à demander. » La réponse de Hal ? « Oh mais chérie, on n'est pas assez futés pour ça […]. Mon cœur, tu devras toujours nous dire quoi faire. […] La seule chose qu'on peut t'offrir, c'est notre obéissance absolue. » La scène est supposée être comique, mais on a du mal à la regarder aujourd'hui sans être excédées face à cet homme et ces adolescents incapables de se prendre en charge.

Malgré cette absolution un peu trop facile des défaillances de Hal, *Malcolm* a eu le mérite, au fil des années, de faire de Lois un personnage profondément complexe et admirable. Et d'aborder par moments des sujets tabous pour de nombreuses mères. À la fin de la saison 4, le couple accueille son cinquième enfant. Les premières semaines après la naissance sont exténuantes, si bien que Lois rêve l'espace d'une minute de faire comme la mère de Moïse dans la Bible et de placer son bébé dans une corbeille pour le laisser flotter vers d'autres parents. Rongée par la culpabilité, elle se confie à Hal : « Je n'aime pas ce bébé ! Je sais, c'est horrible ! Je ne mérite pas d'être mère. Je devrais ressentir cet amour maternel parfait et je ne ressens rien. Rien du tout.» Son mari, qui a au moins le mérite d'aimer inconditionnellement sa femme et de la comprendre mieux que personne, la rassure: «Tu ne te souviens pas? Chérie, tu as détesté tous nos bébés! Tu ne pouvais pas les voir en peinture pendant au moins deux mois. [...] Tu es tellement fatiguée que ça te paraît insurmontable, mais crois-moi, dans quelques semaines, tu vas aimer cet enfant autant que toute mère l'aimerait.» Hal avait raison. Et une chose est sûre, malgré les hurlements et les tactiques de guerre, Lois aime ses enfants mieux que personne.

Les superficielles

La pop culture est peuplée de femmes superficielles, qu'elles soient blondes, californiennes et fans de shopping – Elle Woods (*La Revanche d'une blonde*), Cher Horowitz (*Clueless*), Buffy Summers, ou Lindsay Bluth (*Arrested Development*) – ou brunes, new-yorkaises et… fans de shopping – Mindy Lahiri, Lisa Houseman (*Dirty Dancing*) ou Miriam Maisel (*The Marvelous Mrs. Maisel*). D'un point de vue narratif, cette omniprésence est facilement explicable : les femmes superficielles sont un très charmant ressort comique. Souvent égocentriques, futiles et écervelées, elles ont tendance à lâcher des commentaires complètement déconnectés de la réalité, comme lorsque Cher Horowitz compare l'accueil de réfugiés haïtiens aux États-Unis à la soirée qu'elle avait organisée pour les cinquante ans de son père. Mais s'il y a autant de femmes superficielles à l'écran, c'est aussi tout simplement parce que l'absence de profondeur est l'un des défauts que l'on attribue le plus aux femmes.

Emmanuel Kant l'écrivait déjà dans ses *Observations sur le sentiment du beau et du sublime* : « Le beau sexe a autant d'esprit que le sexe masculin, mais c'est du *bel esprit*, tandis que le nôtre est un *esprit profond.* » Le philosophe poursuit en détaillant les attributs de ce « bel esprit » que possèdent les femmes : « Les femmes ont un sentiment inné et puissant pour tout ce qui est beau, élégant et orné. Déjà dans l'enfance elles aiment la parure. » Et de déclarer : « De profondes réflexions, une contemplation longue et soutenue sont nobles mais difficiles, et ne conviennent guère à une personne dont les charmes naturels ne nous doivent donner d'autre idée que celle de la beauté. » Bref, les femmes ont une intelligence superficielle, mais c'est précisément ça le secret de leur charme.

Ce paradoxe, on le retrouve justement chez nos anti-héroïnes superficielles : malgré leur supposé manque de profondeur intellectuelle, elles correspondent souvent par bien d'autres aspects à un idéal féminin. Elles sont jolies, souriantes, soignent toujours leur apparence et rêvent d'épouser un bon parti. Mais si cette prétendue légèreté était si admirée à l'époque de Kant, elle est aujourd'hui allègrement méprisée et moquée. Dire d'une femme qu'elle est superficielle est toujours une insulte (Marie en sait quelque chose : c'est ce que sa prof de latin de troisième lui avait reproché). Et aimer les histoires d'amour, le maquillage et les chaussures est désormais perçu comme une tare risible, un « plaisir coupable ». Pour le comprendre, il n'y a qu'à voir le peu d'estime que la critique a pour les comédies romantiques, souvent considérées comme un genre cinématographique futile. C'est pour cette raison que la superficialité et l'égoïsme d'une Gabrielle Solis, d'une Rachel Green ou d'une Mindy Lahiri sont si jouissifs à observer : ces anti-héroïnes revendiquent fièrement des défauts toujours attachés au pire de la féminité.

Rachel Green (*Friends*)

Lorsqu'on a commencé à dessiner le plan de ce livre, inclure Rachel Green parmi les anti-héroïnes n'était pas une évidence. Après tout, la New-Yorkaise est adorée de millions de fans, ses tenues inspirent encore aujourd'hui un nombre incalculable de *moodboards* sur Pinterest et Instagram, et ses choix capillaires, eux, sont tellement cultes qu'ils ont donné naissance à une coupe emblématique des années quatre-vingt-dix, *the Rachel*. L'héroïne, indissociable de sa très sympathique interprète, Jennifer Aniston, a donc été un exemple pour des hordes de femmes – l'une d'entre elles a même coécrit ce livre. Pourtant, quand on fait la connaissance de Rachel au début de *Friends*, la jeune femme coche toutes les cases d'un des clichés les plus populaires, et par certains aspects les plus délétères, de la pop culture américaine des cinquante dernières années, celui de la *JAP*, pour *Jewish American princess* (littéralement, la « princesse juive américaine »).

Certains fans de *Friends* s'étonneront sûrement. La judéité de Rachel n'est jamais établie clairement dans la série et il faut lire entre les lignes pour la déceler, comme dans cette scène où la jeune femme mentionne sa *bubbe*, le mot yiddish pour « grand-mère ». Surtout, la cocréatrice de la série, Martha Kauffman – qui a rencontré David Crane, l'autre créateur de *Friends*, sur les bancs de l'université juive américaine Brandeis –, a confirmé à des journalistes du *Jewish Telegraph* que l'héroïne était bien juive. L'ambiguïté autour de ses origines dans la série est facilement explicable : Rachel se devait d'être la *girl next door*, une héroïne à laquelle l'Amérique du milieu, principalement WASP (en tout cas dans l'imaginaire des studios hollywoodiens), pourrait s'identifier. Ce n'est d'ailleurs pas le seul personnage d'une sitcom des années quatre-vingt-dix dont la judéité a été effacée : dans *Seinfeld*, George Costanza, pourtant joué par un acteur juif, Jason Alexander, et entièrement basé sur le cocréateur de la série Larry David, un des comédiens juifs new-yorkais les plus emblématiques, est étrangement (et vaguement) présenté comme italien dans la série.

Mais revenons à nos moutons. Si la question de la judéité de Rachel s'est posée, c'est justement parce que le personnage correspond parfaitement au stéréotype de la JAP. Ce cliché est né dans les années 1950, avec l'accession de nombreux juifs américains au confort de la classe moyenne. Jusqu'alors stigmatisés par les élites WASP du pays, les juifs des grandes villes de la côte Est et du Midwest ont pu s'extraire des quartiers populaires où leurs ancêtres s'étaient établis en fuyant les pogroms européens, pour s'installer dans des banlieues plus aisées, symboles de l'*American way of life*. Le mot-clé à l'époque: l'assimilation. Et pour s'assimiler dans une société désormais dominée par le consumérisme, il fallait, bien entendu, consommer. L'illustration de ce matérialisme balbutiant est, en tout cas aux yeux de certains auteurs et scénaristes juifs américains, la *Jewish American princess*: la fille de famille aisée, qui a intégré les codes de la société dans laquelle elle baigne en dépensant l'argent de papa dans des vêtements à la mode. Dans *Goodbye, Columbus*, le livre de Philip Roth publié en 1959, le personnage de Brenda est l'une des premières incarnations de ce cliché. Brenda vient d'une famille aisée, qui a déjà connu son ascension sociale en s'installant quelques années plus tôt dans une banlieue cossue du New Jersey. Elle est belle, pleine d'assurance, elle joue au tennis et au golf, et étudie dans une grande université américaine. Son nez a été « arrangé » par un chirurgien. La nouvelle est écrite d'un point de vue masculin, celui de Neil Klugman, le narrateur (qui, lui, vit toujours dans la ville populaire de Newark), mais aussi bien sûr celui de Philip Roth lui-même. Leur fascination pour Brenda, « la fille du roi », est teintée de jalousie et de mépris. « Sa vie [...], j'en étais persuadé, consistait pour une grande part à courir les magasins à la recherche de tissus doux pour la peau », ironise ainsi le narrateur.

Au fil des années, la figure de la JAP est devenue un incontournable de la représentation juive américaine à l'écran et dans la pop culture américaine en général. C'est la sœur de Baby dans *Dirty Dancing*, obsédée par les vêtements et le statut social, et qui rêve d'épouser un médecin quand sa benjamine essaie de dépasser tout ça. C'est Gretchen Wieners, une des Plastics de *Mean Girls*, qui est « *totally rich* » parce que son père a inventé le strudel à toaster. C'est Rebecca Bunch dans *Crazy Ex-Girlfriend*, qui déconstruit le stéréotype au fil de la série. Et c'est donc Rachel Green, la petite fille gâtée de *Friends*.

Tout, dans l'écriture du personnage, évoque la JAP, jusqu'à son prénom, qui apparaissait dans *The Official J.A.P Handbook*, un guide humoristique publié en 1982 à l'attention de toutes les « princesses juives américaines » (comme de nombreux clichés, celui de la

JAP a fini par être adopté puis détourné avec humour par les premières concernées). Rachel est originaire d'une banlieue aisée de New York à Long Island. Sa rhinoplastie est la source de plusieurs blagues dans la série. Lorsqu'on fait sa connaissance, elle vient de fuir sa cérémonie de mariage avec Barry Farber, un orthodontiste. Et quand le groupe d'amis la pousse à détruire ses cartes de crédit financées par son père en lui disant qu'elle « ne [peut] pas vivre aux crochets de ses parents toute sa vie », la jeune femme rétorque : « Je sais ! C'est pour ça que je comptais me marier ! » Rachel n'a jamais travaillé, ni même fait sa propre lessive ou préparé un café. Sa seule expertise ? Faire les boutiques et partager des potins. Quand Ross liste ses défauts pour déterminer s'il veut vraiment être en couple avec elle, on croirait une définition des pires travers du cliché de la JAP : elle est « un peu pourrie gâtée », « écervelée » et « trop préoccupée par son apparence ».

La relation entre Ross et Rachel est d'ailleurs évocatrice, par certains aspects, de celle entre Brenda et Neil. Comme le narrateur de *Goodbye, Columbus*, Ross admire la beauté et l'assurance de Rachel. Lui, l'intello tendance geek plus à l'aise avec des fossiles qu'en société, place la jeune femme sur un piédestal depuis l'adolescence. Malgré cette idéalisation, il la méprise aussi un peu, comme le prouve sa liste. Il ne prend pas son travail dans la mode au sérieux et se sent menacé dès que la jeune femme établit une relation professionnelle avec un autre homme. Il voudrait, au fond, la garder confinée dans les limites du cliché qu'elle incarne : qu'elle reste belle mais superficielle, qu'il puisse se sentir valorisé à son bras tout en préservant son sentiment de supériorité intellectuelle et professionnelle.

Si Ross se sent parfois menacé, c'est justement parce que Rachel évolue au fil des saisons et s'affranchit du stéréotype. De tous les personnages de *Friends*, c'est celle qui connaît la progression la plus spectaculaire, pour finir la série indépendante, avec une carrière à succès et un enfant qu'elle a eu hors mariage. C'est grâce à cet arc qu'elle est devenue une héroïne et un modèle pour de nombreuses fans. Mais aussi parce que, malgré cette évolution, elle ne tourne jamais le dos à ses passions futiles d'origine. Jusqu'à la fin de la série, la New-Yorkaise adore toujours autant les fringues et les ragots. Et pourquoi devrait-elle s'en priver, quand ces deux domaines lui procurent, comme à beaucoup d'autres (nous comprises), autant de joie ?

Gabrielle Solis (*Desperate Housewives*)

Tout le propos de *Desperate Housewives* est de déconstruire le cliché de la banlieusarde américaine. La série s'y attèle à travers plusieurs profils types : il y a la mère au foyer idéale, prétendument parfaite mais obsédée par son image (Bree), la maman célibataire, charmante mais un peu paumée (Susan), l'ancienne femme d'affaires qui a abandonné sa carrière pour élever ses enfants et se demande si elle a fait le bon choix (Lynette) et, enfin, la *trophy wife*, une bombe sur talons aiguilles que son mari a surtout épousée pour son apparence et qui occupe ses journées avec d'impressionnantes virées shopping. Dans la série, ce stéréotype est incarné par Gabrielle Solis (Eva Longoria).

Pour pousser la caricature à son paroxysme, les scénaristes ont fait de Gaby une ancienne top model (sans jamais nous expliquer comment elle a pu avoir une telle carrière alors qu'elle ne dépasse pas le mètre soixante). Difficile de concevoir métier plus futile dans l'imaginaire collectif que celui d'une femme qui utilise son apparence pour vendre des vêtements. Et, dans le cas de Gaby, pour séduire des hommes. La jeune Latina a été repérée par son très riche futur mari, Carlos, alors qu'elle défilait. Lorsqu'ils se sont fiancés (dès leur troisième rendez-vous), l'homme d'affaires avait les larmes aux yeux, comme « à chaque fois qu'il signait un gros contrat ». La jeune femme n'est d'ailleurs pas dupe. Lorsque l'une de ses amies lui dit qu'elle l'envie d'être « belle, richissime » et d'avoir « un mari qui l'adore », Gabrielle rétorque : « Il ne m'adore pas, il adore m'avoir. »

« La frivolité est la plus jolie réponse à l'angoisse », aurait dit Jean Cocteau, et jamais un personnage de série n'a aussi bien incarné cette idée que Gabrielle. La jeune femme est superficielle, vénale et souvent incroyablement égoïste. Alors que la mère de Carlos vient de mourir, dans un accident qui impliquait en partie Gaby, cette dernière suggère à son époux de ne pas dépenser trop d'argent pour son enterrement (« Elle est née modeste et va-nu-pieds, rendons hommage à ses racines ! »). Et quand Carlos devient aveugle, Gabrielle le balade avec elle dans sa voiture, l'abandonnant côté passager pendant qu'elle va faire les boutiques, pour profiter des places de parking réservées aux personnes handicapées. Mais si la jeune femme fait passer ses envies et ses besoins avant tout, c'est d'abord par instinct de survie.

Lorsqu'elle avait cinq ans, Gaby a vu son père mourir sous ses yeux, et à quinze ans, elle a fui le foyer familial après avoir été violée par son beau-père. Non seulement sa mère ne l'a jamais protégée, mais elle ne l'a même pas crue, accusant la jeune fille d'avoir voulu séduire son compagnon. C'est donc adolescente que Gaby a débarqué en bus à New York, devant déjà se reposer sur son intelligence et son sens de la débrouille pour survivre. Si vous voulez notre avis, après tout ça, Gabrielle mérite de se complaire dans la superficialité. Si elle tient à son confort et à sa sécurité matérielle, c'est parce qu'elle a connu la précarité. Si elle veut se faire plaisir et satisfaire tous ses caprices, c'est parce que personne ne s'est préoccupé de son bonheur depuis la mort de son père.

La pop culture aime faire souffrir ses héroïnes superficielles, et Gabrielle n'y échappe pas. Son enfance difficile n'est pas suffisante, il faut que la jeune femme affronte toujours plus d'adversité pour prouver sa profondeur et son altruisme. Au fil de la série, elle va perdre sa fortune et son rang social, connaître de nombreux problèmes de fertilité, voir son mari incarcéré, puis s'occuper de lui lorsqu'il deviendra aveugle. À travers les épreuves, la *trophy wife* de Wisteria Lane prouve encore et encore sa valeur morale et son dévouement aux autres. Mais Gabrielle n'oublie jamais que l'altruisme que l'on attend des femmes masque souvent une absence de considération à leur égard. Elle sait que, pour survivre, une bonne dose d'égoïsme est non seulement nécessaire mais salutaire.

Mindy Lahiri (*The Mindy Project*)

Les femmes superficielles ont beau être des objets de mépris, elles ont aussi tendance à être admirées pour leur plastique, leur sens de la mode et leur succès avec les hommes. D'ailleurs, elles correspondent souvent aux canons de beauté les plus restrictifs, à savoir : minces, blondes ou les deux. Lorsque la scénariste et actrice Mindy Kaling, d'origine indienne et, selon sa propre description, « normale/rondouillette », décide de s'emparer de l'archétype, c'est donc une vraie révolution. Après avoir joué la très collante (et hilarante) Kelly Kapoor dans *The Office*, Kaling lance en 2012 sa propre série, *The Mindy Project*, et fait de son héroïne principale une des femmes les plus superficielles du petit écran.

Mindy Lahiri est une gynécologue obstétricienne de talent (un hommage à la mère de Mindy Kaling, qui exerçait cette profession). C'est d'ailleurs le seul personnage de ce chapitre à avoir poursuivi de brillantes études et réussi dans une carrière scientifique, venant contredire l'idée que les femmes qui ont des intérêts futiles sont forcément bêtes. Mais nous ne sommes pas dans *Grey's Anatomy*, et la vie professionnelle de Mindy ne sera jamais creusée outre mesure. Car *The Mindy Project* est une romcom et s'intéresse surtout à la vie romantique et intime de son héroïne.

Mindy a beau être très talentueuse dans son travail, elle est aussi complètement écervelée. Elle se laisse sans cesse distraire par la nourriture (elle a même une fontaine à chocolat dans son bureau) et les beaux garçons. Elle ne lit pas des livres, mais des magazines people et des tweets. Elle voue une admiration infinie à Kris Jenner (« votre utérus est un trésor national ! »).

Mais sa plus grande obsession, ce sont évidemment les comédies romantiques, et la jeune femme, qui se compare volontiers à Sandra Bullock, cherche inlassablement l'amour – même si elle a parfois tendance à se décourager : « Peut-être que je ne me marierai jamais. Peut-être que je ferai juste un truc à la *Mange, prie, aime*. Beurk, non, j'ai pas envie de prier, laisse tomber, je finirai juste par mourir seule. » En matière d'hommes, ses goûts sont, eux aussi, entièrement frivoles. Avant un date, elle se met ainsi à prier (il faut croire qu'elle finit par s'y résoudre) : « Pitié, faites en sorte que ce rencard se passe bien. Qu'il ait la richesse du maire de New York. La personnalité de Jon Stewart. Le visage de Michael Fassbender… et le pénis de Michael Fassbender. »

Mais l'aspect le plus subversif du personnage, c'est son aplomb sans limite. Mindy Lahiri n'est pas que superficielle, elle est fière de l'être. Elle revendique sa futilité, non seulement comme un trait déterminant de sa personnalité, mais aussi comme une force. La jeune femme est égocentrique et puérile, tellement insupportable qu'elle reçoit une note de - 7 sur Uber, et, si elle n'a jamais eu de PV malgré son irrespect total des lois, c'est parce qu'elle s'en sort toujours de la même manière, « en mentant et en pleurant ». Mindy Lahiri a en fait été pensée comme une Michael Scott (le patron gênant de *The Office*) au féminin : un personnage bourré de défauts, qui met constamment les pieds dans le plat, mais que l'on ne peut s'empêcher d'aimer. Sauf que Michael Scott est un homme blanc médiocre de quarante piges. Le fait que la créatrice octroie à son personnage le même niveau d'assurance et d'ignorance est un acte radical.

La série tire en grande partie son humour de cet aplomb souvent injustifié : « C'est tellement bizarre d'être son propre modèle dans la vie, vraiment, je vous le recommande », affirme Mindy à ses collègues interloqués. Certaines de ses répliques sont instantanément devenues cultes, pour leur côté aussi comique qu'exaltant : « Je ne suis pas en surpoids. Je fluctue entre ronde et pulpeuse. » Ou encore : « Je suis une femme sexy et intelligente avec un cul qui n'abandonne jamais. » Cela peut paraître un peu simplet. Mais dans une industrie où n'importe quelle femme au-dessus de la taille 36 est considérée comme *plus size*, voir un personnage comme Mindy revendiquer inlassablement sa beauté et son statut d'héroïne romantique était, en 2012, l'équivalent d'un tremblement de terre. Cette assurance, on la trouve aussi dans ses tenues moulantes et à motifs colorés (confectionnées par le styliste Salvador Perez) : Mindy tord le cou à la règle grossophobe selon laquelle il faudrait cacher son corps lorsque l'on n'est pas mince. Il se peut même que l'une des autrices de ce livre, qui a passé sa vie à être la « ronde » de son groupe d'amies et a attendu ses trente ans pour être à l'aise en maillot de bain, ait entièrement revu son rapport aux vêtements après avoir découvert la série.

Malgré tous ses défauts et son côté *high maintenance*[1], les conquêtes amoureuses de la jeune médecin feraient rêver n'importe quelle héroïne de série. En tant que première Indo-Américaine à tenir le rôle principal d'une sitcom, Mindy Kaling rappelle qu'il n'y a pas que les femmes blanches et minces qui ont le droit de prendre leur pied à la télé. Elle offre en effet des rôles à une parade de beaux gosses hollywoodiens, qui viennent jouer ses divers intérêts romantiques : Anders Holm, Timothy Olyphant, Ben Feldman, Tim Daly, Glenn Howerton, Bryan Greenberg, Seth Meyers et, évidemment, Chris Messina, qui joue son grand amour, Danny Castellano. Bien sûr, Mindy Kaling est très belle, mais à l'époque de la diffusion de la série, voir une femme qui lui ressemble à la tête de sa propre romcom était encore inédit.

Finalement, Mindy n'aura pas été un modèle seulement pour elle-même. Parce que des femmes diplômées et accomplies, qui font du 42, espèrent

1. Concept popularisé par la comédie culte *Quand Harry rencontre Sally* : la fille *high maintenance* est une fille qui n'est pas « facile à vivre » et demande beaucoup d'efforts « d'entretien ».

trouver l'amour et n'ont aucune appétence pour des sujets « sérieux » comme la politique ou l'art contemporain, il y en a des millions. En étant l'héroïne frivole et entièrement imparfaite de sa propre histoire, Mindy Kaling nous a donné la permission d'être les anti-héroïnes de la nôtre.

Les castratrices

Vous connaissez l'expression : « Derrière chaque grand homme se cache une femme. » On attend souvent des épouses qu'elles soutiennent leur mari quoi qu'il arrive – « *Stand by your man* », comme nous le chantait Tammy Wynette en 1968. Gare à celles qui s'y refusent, et préfèrent vivre et penser par elles-mêmes.

L'archétype de la castratrice est une double création : celle des scénaristes, qui utilisent la figure de l'épouse ou petite amie comme un faire-valoir, un obstacle ou une justification que le héros masculin peut utiliser à bon escient pour faire avancer sa propre intrigue. Mais aussi celle des fans qui n'hésitent pas à projeter toute leur rancœur, voire leur haine, sur ces femmes un peu casse-bonbons qui feraient mieux de rester à leur place au lieu de s'exprimer contre les agissements de leur homme. Ces personnages féminins ont en effet pour seul défaut de critiquer les actions de leur compagnon, de ne pas le soutenir aveuglément et, parfois, de lui être infidèles. La plupart du temps, elles sont en couple avec de véritables anti-héros, des hommes durs, détestables, eux-mêmes infidèles ou violents. Mais ces personnages masculins bénéficient d'une indulgence que l'on accorde rarement à leur épouse, qui se doit d'être parfaite.

Dans *Newport Beach*, c'est Julie Cooper, la mère cruelle de Marissa, qui s'en prend régulièrement à son pauvre ex-mari – précisons que ce dernier, aussi sympathique soit-il, a menacé l'équilibre financier de sa famille. Dans *Modern Family*, c'est Claire Dunphy, qui a souvent l'air aigri ou sévère, en contraste avec son farceur de mari. Parmi les castratrices les plus notoires du petit écran, il y a aussi Lori Grimes, la femme de Rick dans *The Walking Dead*, souvent mentionnée comme un personnage féminin détestable sans que l'on puisse vraiment se l'expliquer. Certes, elle a entamé une aventure avec le meilleur ami de son mari… mais elle est aussi déterminée, courageuse, une mère remarquable, et on ne peut pas vraiment dire que les deux hommes qui se disputent ses faveurs soient irréprochables. On pense aussi à Megan Draper, une jeune femme immature, mais démesurément abhorrée par les fans de *Mad Men* lorsqu'elle vient perturber le quotidien de séducteur de Don Draper.

Ironie du sort, l'excellent acteur Bryan Cranston a incarné deux de ces maris « castrés » : de manière légère et attachante en tant que Hal dans *Malcolm*, mais aussi et surtout, de manière sinistre, dans le rôle de Walter White. Eh oui, la plus célèbre des castratrices, c'est Skyler White, emblème absolu de toutes ces figures féminines si injustement traitées. C'est pourquoi nous avons décidé de lui consacrer un chapitre entier.

Skyler White (*Breaking Bad*)

Dans les listes des personnages féminins les plus détestés du petit écran, Skyler White arrive presque toujours en haut du podium. Son crime ? Avoir exprimé des inquiétudes quant à la carrière de son mari (un prof de chimie devenu dealer-meurtrier après avoir été diagnostiqué d'un cancer du poumon) et à son comportement de plus en plus agressif et menaçant envers elle.

Personne n'a mieux su expliquer le degré démesuré de vitriol sexiste dont le personnage a été victime que son interprète elle-même, Anna Gunn. Dans une tribune publiée dans le *New York Times*[1], l'actrice déplore les nombreuses menaces et le harcèlement en ligne dont elle, et pas seulement le personnage

1. « I have a character issue », *New York Times*, 23 août 2013.

de Skyler, a fait l'objet. Au cours de la diffusion de la série, des groupes Facebook, des forums ou des blogs s'en donnent à cœur joie pour critiquer Skyler, perçue comme l'un des principaux obstacles à la réussite de Walter. Une partie de cette perception peut logiquement s'expliquer par la manière dont la série est écrite. C'est en effet d'abord à elle que notre anti-héros cache ses agissements, et la tension des premières saisons repose en grande partie sur la possibilité que Skyler découvre le secret de son mari. Lorsqu'elle apprend enfin, après avoir mené sa petite enquête, que Walt fabrique du crack pour fournir de dangereux dealers, on comprend parfaitement que son premier réflexe soit d'être horrifiée, puis d'exiger des explications. Mais c'en est déjà trop pour certains amateurs de la série. « Est-ce que quelqu'un pourrait me dire où vit Anna Gunn pour que je puisse la tuer ? » aurait ainsi écrit un internaute particulièrement remonté. Lors d'un événement public, un homme se serait également levé pour poser à l'actrice la question suivante : « *Why is your character such a bitch ?* » (« Pourquoi est-ce que votre personnage est une telle connasse ? ») C'est comme si certains avaient adopté la rhétorique toxique de leur anti-héros favori.

Walter White, responsable de la mort de nombreux personnages de la série et de plus en plus abusif avec Skyler, sa famille et Jesse, n'est jamais accablé de la même manière par les fans. Dans un sens, c'est compréhensible : il s'agit du protagoniste principal de l'histoire, celui qu'on continue de soutenir même lorsqu'il commet l'impardonnable. Walt fait partie des anti-héros légendaires des années 2000, à l'instar de Tony Soprano ou Don Draper, des hommes imparfaits voire moralement corrompus que l'on ne peut s'empêcher d'admirer et de vouloir soutenir. Si Skyler le freine ou lui reproche ses actions, cela fait donc d'elle une antagoniste. Mais la série est clairement critique à l'égard de Walt et dépeint à la perfection la déchéance morale de cet ancien prof de chimie (c'est littéralement dans le titre, *Breaking Bad* signifiant « virer mauvais »)… ce que certains téléspectateurs semblent, encore aujourd'hui, volontairement occulter.

Le pire, c'est que Walt utilise sans cesse sa famille, qu'il met pourtant en danger, pour justifier ses actes les plus vils. Ce n'est qu'à la toute fin de la série qu'il finira par admettre, devant sa femme exténuée : « *I did it for me.* » (« Je l'ai fait pour moi. ») Mais lorsque cette confession arrive, le mal est fait, et Skyler, une des nombreuses victimes des agissements de son mari, restera malgré tout aux yeux de nombreux fans une casse-pieds ingrate.

Il est impossible de ne pas voir dans sa trajectoire une illustration de l'horreur de la violence domestique. Walt ne frappe pas Skyler, mais se montre de plus en plus menaçant, et va jusqu'à l'agresser sexuellement : dans le premier épisode de la saison 2, il tente de la violer contre le réfrigérateur de leur cuisine, jusqu'à ce qu'elle se défende (une scène qui, à l'époque de sa diffusion, n'a pas suscité de grandes discussions). À de nombreuses reprises, il lui promet qu'il va changer, que tout sera différent, avant de recommencer à la menacer ou à la dénigrer. Alors qu'elle exige le divorce, il lui aboie dessus, estimant qu'elle « se venge » et cherche à le « punir ». Après avoir décidé, à contrecœur, d'aider Walt, Skyler sera rongée par la culpabilité et la honte de ne pas avoir su partir : « Je suis une lâche. Je ne peux pas aller voir la police, je ne peux pas arrêter de blanchir ton argent, je n'arrive pas à te faire partir de cette maison, je n'arrive même pas à te garder hors de mon lit. Tout ce que je peux faire, c'est attendre. Prendre mon mal en patience, et attendre. – Attendre quoi ? lui demande Walt. – Que le cancer revienne. » C'est un aveu terrible, mais il en dit long sur le désespoir de cette femme prisonnière des agissements de son mari. À en croire certains, il aurait pourtant fallu qu'elle les accepte sans broncher.

Dans les premières saisons, la série adopte rarement le point de vue de Skyler et ne fait pas toujours preuve d'empathie à son égard. C'est évident dans la scène où Walt, qui a été mis dehors par Skyler, débarque chez elle et décide de s'y réinstaller contre son gré. Cette situation, cauchemardesque, n'est pas vraiment filmée comme telle, et l'attitude calme de Walt, en contraste avec la panique de Skyler, crée un effet sombrement comique. Skyler est vue comme celle qui sur-réagit et se met en travers de la relation entre Walt et ses enfants – presque jusqu'au bout, Junior vouera à son père une admiration sans limite, au détriment de sa mère qui redouble pourtant d'efforts pour soutenir et protéger sa famille. Lorsqu'il apprendra finalement la vérité sur son père, son premier réflexe sera d'accabler Skyler : « Pourquoi tu l'as laissé faire ? Si tout ça est vrai, et si tu étais au courant, tu es aussi responsable que lui. »

La monstruosité de Walt finira enfin par éclater dans le superbe antépénultième épisode de la série, « Ozymandias » (« Seul au monde » dans la version française). Après avoir tenté de fuir avec Skyler et leurs enfants, Walt finit par se battre contre sa femme, puis il s'enfuit en kidnappant Holly, leur bébé d'un an. Plus tard, il tyrannise Skyler lors d'un coup de fil glaçant : « Pourquoi es-tu incapable de m'obéir ? C'est de ta faute. Voilà ce qui arrive à cause de ton manque de respect. Je t'avais mise en garde : il est imprudent de me contrarier. Tu es tout le temps en train de pleurnicher et de te plaindre de la manière dont je gagne mon argent, tout le temps en train de me tirer vers le bas. Espèce de sale conne stupide. » Le monologue, d'une violence inouïe, est à double niveau : Walt, se sachant probablement écouté par la police, s'en prend à Skyler afin de l'innocenter. Son ire peut alors être lue, d'une certaine manière, comme une preuve d'amour. Mais cela n'enlève rien à l'horreur de ses mots, qui évoquent clairement une scène de violence domestique.

Dans les dernières saisons, la série semble prendre conscience de la haine injustifiée que provoque Skyler et la commente directement. Alors que Walt a acheté un bolide rutilant à son fils, Skyler exige qu'il rende la voiture pour ne pas attirer l'attention. Walt essaie alors de la manipuler, lui disant d'un air tendre et soucieux : « Je crains juste qu'il t'en veuille… » La réponse cinglante de Skyler pourrait résumer toute la place du personnage dans la série : « Oh, ne t'en fais pas, il m'en voudra. Encore une fois, sa connasse de mère va reprendre ce que son père chéri lui a offert. Mais tu sais quoi, Walt ? Il faut bien que quelqu'un protège cette famille de l'homme qui protège cette famille. »

Dans la série, Skyler compte ainsi presque autant de moments de bravoure que son mari. Après avoir découvert les agissements de ce dernier, elle choisit de rester à ses côtés, car elle sait que partir les mettrait, elle et ses enfants, encore plus en danger. Mais elle ne le suit jamais aveuglément. Étouffée par l'atmosphère domestique, elle entame une liaison avec son patron. En rentrant chez elle, elle regarde Walt droit dans les yeux et lui dit d'un air de défiance : « *I fucked Ted.* » (« J'ai baisé Ted. ») Cette excellente comptable a aussi l'occasion de démontrer son propre potentiel de génie criminel. Pour éviter un audit qui la compromettrait, elle joue à la blonde stupide avec les agents du fisc. C'est également elle qui tient tête à l'avocat véreux Saul Goodman et trouve les failles dans son système de blanchiment d'argent, ou elle encore qui suggère à Walt de racheter la station de lavage auto, qui offrira à ce dernier une couverture pendant toute la deuxième moitié de la série. Malgré l'aide précieuse et l'intelligence de sa femme, Walt ne cesse de la sous-estimer et l'incite à accepter son argent sans poser de questions. Skyler, qui voit sa complicité comme l'unique moyen de regagner un peu de contrôle, lui rétorque : « Je préfère encore qu'ils pensent que je suis Bonnie je-sais-pas-quoi, plutôt qu'une idiote finie. »

Malgré l'acharnement haineux qu'elle a subi, Anna Gunn a livré tout au long de la série une performance remarquable. Elle sera d'ailleurs justement récompensée pour son rôle par deux Emmy Awards à la fin de la diffusion de la série, en 2013 et 2014. Elle a su incarner avec détermination ce personnage féminin complexe, qui veut soutenir son mari mais refuse de céder à ses menaces, qui souhaite le meilleur pour sa famille et doit souvent endosser le mauvais rôle. Skyler a eu le malheur de tenir tête à Walt à une époque où la colère féminine à l'écran était peu valorisée, et encore moins comprise. Si *Breaking Bad* était diffusée aujourd'hui, Skyler White serait une héroïne.

Les traînées

En écrivant ce chapitre, nous nous sommes rendu compte qu'il s'agissait de la catégorie la plus mortelle du livre. Toutes les femmes mentionnées ici ont eu une trajectoire douloureuse ou un destin tragique. Presque toutes ont été brutalement tuées ou victimes d'une grave maladie. Cet ouvrage a beau mentionner des meurtrières et des sociopathes, peu de personnages féminins ont été traités avec aussi peu de compassion que les « traînées ».

Et encore, nous ne les citons pas toutes. On aurait pu s'attarder sur Edie Britt, la grande méchante de *Desperate Housewives* qui séduit tous les maris du quartier et finit électrocutée par un câble électrique. Lorsque l'actrice Nicollette Sheridan a attaqué la production pour licenciement abusif, le créateur de la série, Marc Cherry, a justifié sa décision ainsi : « Nous avions usé jusqu'à la corde toutes les complications romantiques avec les maris de chaque femme. » Autrement dit, Edie n'avait plus aucun homme à tenter, et n'avait donc plus aucune utilité narrative. Il y a aussi Lori Madison (Emily Meade) dans *The Deuce*, une prostituée ambitieuse devenue actrice porno, qui connaîtra un destin tragique et bouleversant. Ou encore Marissa Cooper (Mischa Barton), la sublime bad girl de *Newport Beach*, qui n'est pas entièrement définie par ses histoires de sexe, mais dont la beauté est souvent présentée comme dangereuse. Elle a un problème avec l'alcool, est bisexuelle (un autre signe sûr de sexualité détraquée si l'on en croit la pop culture) et agit de manière incontrôlable. Alors que sa romance avec le beau Ryan semble avoir atteint le bout de sa course, elle finira tuée dans un violent accident de voiture, au grand désarroi des adolescentes que nous étions alors.

De Salomé à Mata Hari, en passant par les cocottes du XIXe siècle, les tentatrices qui usent de leurs charmes et de leur sexualité pour parvenir à leurs fins peuplent nos imaginaires. La fiction nous le répète aussi depuis la nuit des temps, que ce soit par le biais de l'archétype de la femme fatale ou celui de la traînée machiavélique comme la marquise de Merteuil : la sexualité féminine est un danger. Les femmes qui aiment séduire, jouissent librement de leur libido et multiplient les conquêtes ne sont généralement pas fiables : ce sont des espionnes, des traîtresses, des manipulatrices qui utilisent leurs atouts physiques à des fins perfides. Elles sont sauvages, imprévisibles, donc forcément dangereuses. Elles méprisent les convenances et la pudeur attendue de toute femme respectable. Et comme le prouvent leurs sombres destins, la rédemption ne leur est pas souvent permise.

Pour certaines, c'est même leur sexualité libre, voire débridée, qui est la source de leur malheur, à l'instar de Fleabag, de la série éponyme, qui a perdu sa meilleure amie suite à une aventure sexuelle ; Faith (*Buffy contre les vampires*), qui s'attire des ennuis à trop écouter ses instincts et ses désirs ; Samantha Jones, la seule héroïne de *Sex and the city* à craindre d'avoir contracté le VIH, et que l'on tente constamment d'humilier pour ses activités sexuelles ; ou Andrea de *The Walking Dead*, qui s'entiche de tous les méchants de la série malgré les avertissements de son groupe et finira poignardée par l'un d'entre eux.

Ironiquement, la marquise de Merteuil et son homologue *teen*, Kathryn Merteuil, incarnée par Sarah Michelle Gellar dans *Sexe Intentions*, étaient parmi nos personnages féminins préférés en grandissant. Certes, leur sexualité semblait menaçante, mais elles étaient aussi débordantes d'assurance et considéraient leur féminité comme une source de puissance et non de honte. Ces femmes partagent des traits de caractère qui sont aussi des forces : franchise, esprit affûté, courage, autonomie et ambition. Les dévergondées de la pop culture ont beau avoir longtemps été calomniées et caricaturées, ce chapitre contient certaines de nos plus grandes héroïnes, toutes catégories confondues.

Samantha Jones (*Sex and the City*)

Impossible de parler des plus grandes traînées de la télévision sans évoquer Samantha Jones (Kim Cattrall), sainte patronne des catins et papesse de la libido féminine. Si *Sex and the City*, série sur quatre amies célibataires à New York, a tracé de nouvelles frontières pour la représentation de la sexualité à la télévision, Samantha est indéniablement celle qui a poussé le curseur le plus loin.

Carrie est l'héroïne frivole, Miranda la cynique, Charlotte la coincée. Et Samantha, la plus âgée, est la nympho du groupe. On ne compte plus les conquêtes et exploits sexuels de cette attachée de presse ambitieuse qui, au début de la série, revendique fièrement son célibat. Plus radical encore, elle ne s'embarrasse jamais de rencards amoureux, déterminée à « coucher comme un homme », c'est-à-dire sans préambule ni sentiments. En matière de sexe, c'est une *try sexual* auto-proclamée : elle compte tout essayer au moins une fois.

Extravagante et obsédée par les plaisirs de la chair, Samantha est la machine à blagues de la série, celle qui fait presque toujours retomber la tension et livre certaines des répliques les plus emblématiques – « Si tu me baises mal une fois, honte à toi. Si tu me baises mal deux fois, honte à moi. » Sans aucun filtre, elle se plaint au milieu d'un brunch du « sperme fétide » d'un amant, décrit la « queue » d'un autre avec passion, sous le regard souvent amusé, parfois affligé de ses amies. Bref, Samantha est too much.

Mais si la quadra est parfois perçue par les autres comme une érotomane détraquée, une femme vulgaire qui devrait baisser son intensité d'un cran, c'est justement pour son incorrigible désir et sa franchise impertinente qu'on l'aime autant. Dans la saison 5, Carrie la surprend en pleine fellation et la juge, ce qui provoque une dispute entre les deux amies : « Je refuse que toi ou la société me jugiez. Je porterai ce que je veux, et je sucerai qui je veux, tant que je pourrai respirer et m'agenouiller. » Finalement, Carrie reconnaît son erreur, et s'en veut d'autant plus que Samantha, elle, ne juge jamais ses amies – pas même lorsque Carrie lui avoue, honteuse, qu'elle a trompé Aidan.

Samantha est éprise de liberté, et pas seulement dans la chambre à coucher : elle est férocement indépendante. Avec Richard, un magnat de l'immobilier qui l'a déjà trompée, l'héroïne se rend compte qu'elle a perdu l'assurance qui l'avait toujours définie. Alors qu'il vient de lui déclarer sa flamme, elle décide donc de rompre, le laissant sur cette phrase légendaire : « *I love you too, Richard, but I love me more.* » (« Je t'aime aussi, Richard, mais je m'aime encore plus. ») Difficile de décrire l'impact monumental de cette scène sur les pré-ados nourries aux injonctions romantiques que nous étions. Samantha est en couple, elle est amoureuse, mais elle n'est pas entièrement heureuse et, plutôt que de faire des compromis déplaisants, elle décide de se choisir elle-même.

Malgré son apparence très normée (elle est blonde, mince, riche, valide), Samantha dédaigne beaucoup d'impératifs de féminité : elle n'a pas d'enfants, ne cherche pas à se caser et ne complexe pas sur son apparence. Au début de la série, les amies déplorent les standards de beauté impossibles à atteindre pour les femmes. Tour à tour, elles dressent la liste de leurs complexes, mais lorsque leur regard se tourne vers Samantha, celle-ci reste muette, à leur grande surprise : « Quoi ? Il se trouve que j'adore mon physique. »

Loin des archétypes que l'on peut croiser dans d'autres séries, Samantha n'est jamais une caricature de femme « badass » : elle rejette le couple dans sa forme traditionnelle, mais ne s'interdit ni l'amour ni les sentiments. Malgré toute son assurance, il lui arrive de douter de ses choix, comme lorsqu'elle attrape la grippe et regrette de ne pas avoir un homme pour s'occuper d'elle (ça lui passera rapidement). Elle est toujours en phase avec ses émotions et sait se montrer vulnérable. Lorsque, atteinte d'un cancer, elle voit que Carrie est mal à l'aise et tente sans cesse d'alléger la conversation, elle l'implore : « Carrie, s'il te plaît, laisse-moi parler de ce qui me fait peur. »

On a beau lui reprocher son mode de vie (un médecin ira même jusqu'à sous-entendre que le fait de ne pas avoir eu d'enfant a pu favoriser l'apparition de son cancer), Samantha sait qui elle est, et l'assume jusqu'au bout. Vingt-cinq ans après l'arrivée de la série sur HBO, rares sont les personnages féminins qui affichent un tel culot à toute épreuve. Cette gourgandine révolutionnaire, qu'on suivait sur M6 à une heure où nos parents dormaient profondément, n'était peut-être pas le modèle dont ces derniers auraient rêvé pour nous. Mais pour les jeunes filles encore en construction que nous étions, l'accomplissement, le caractère et la force de Samantha ont été une réelle inspiration.

Jen Lindley (*Dawson*)

Jen est un festival de clichés sexistes et, encore aujourd'hui, son traitement reste une erreur à ne pas reproduire pour les futurs scénaristes. L'adolescente, qui est sexualisée dès son arrivée au ralenti dans le pilote (sur un morceau intitulé *Hey Pretty Girl*), sera accablée tout au long de la série avant d'être finalement tuée par une maladie cardiaque foudroyante. Jen Lindley est l'illustration d'une des leçons les plus anciennes de l'histoire de la fiction : le sexe mènera à ta perte, surtout si tu es une femme. Une morale omniprésente, des contes pour enfants – *Le Petit Chaperon rouge*, qui peut être interprété comme une allégorie sur les dangers de la séduction – jusqu'aux films d'horreur.

Quand Jen arrive à Dawson's Creek, elle traîne derrière elle une réputation sulfureuse : fraîchement débarquée de New York, la « grande ville », elle a déjà eu des rapports sexuels alors que tous les autres héros de la série sont vierges. Ce qu'on comprend avec notre recul d'adultes, c'est surtout que ces rapports étaient abusifs et relevaient plutôt de l'agression : elle avoue à Dawson qu'elle a perdu sa virginité à l'âge de douze ans avec un homme plus âgé qui l'avait fait boire. « J'ai été sexualisée beaucoup trop tôt, et je ne le souhaite à personne. »

Mais dans nos esprits de jeunes filles, à l'époque du visionnage, le message était clair : Jen était une grosse dévergondée, et sa promiscuité sexuelle ne pouvait être qu'une source de honte et de douleur. Pour les autres personnages de la série aussi, son expérience sexuelle est synonyme de danger. Quand Dawson l'apprend dans la saison 1, il se refroidit subitement, et commence à éviter Jen. Lorsqu'il découvre que sa propre mère est infidèle, et que Jen prend sa défense, le jeune adolescent se montre cinglant : « Évidemment que toi, tu la défends. Qui d'autre pourrait aussi bien comprendre le besoin d'une femme d'avoir plusieurs partenaires ? » Au fil des saisons, Jen est constamment slut-shamée par le héros, qui ne supporte pas le passé de la jeune femme. Alors qu'elle travaille pour une radio étudiante, il est choqué de l'entendre donner des conseils sexuels à une auditrice. À plusieurs reprises, il sous-entend qu'elle est une traînée, ce qui mènera à leur première rupture.

Le cinéaste en herbe n'est pas le seul à lui faire des reproches. Sa camarade Joey, qui voit initialement Jen comme une rivale, s'en prend inlassablement à la jeune fille. Dans l'épisode 7 de la saison 3, Jen explique que, selon elle, les femmes brûlées sur des bûchers au XVIIe siècle n'étaient pas des sorcières mais seulement des femmes qui laissaient s'exprimer leur sexualité librement. Joey ne trouve rien de mieux à dire que : « Heureusement pour toi, on vit dans un monde où tu peux suivre tes penchants naturels sans avoir peur d'être persécutée. »

Incarnée par la charismatique Michelle Williams, Jen reste malgré tout un personnage mémorable qui ne se limite pas à ses expériences sexuelles : elle est aussi extrêmement mature, indépendante et pleine d'esprit. Malheureusement, il est impossible de ne pas rester amères face au traitement du personnage dans les derniers épisodes. Son potentiel narratif était énorme : loin des amourettes des trois autres, elle est la seule protagoniste à avoir atteint une réelle indépendance sentimentale, avec une intrigue de plus en plus focalisée sur sa vie de famille, ainsi que son amitié avec Jack. Or, dans la fiction, être une femme célibataire peut s'avérer dangereux : dès qu'il y a un personnage à sacrifier, c'est vers elle qu'on se tourne – souvenez-vous de Lexi Featherston dans *Sex and the City*, la célibataire endurcie qui se plaint que plus personne n'est « fun », avant de trébucher près d'une fenêtre et de s'écraser vingt étages plus bas. C'est bien connu, quand on n'est pas en couple, on ne manque à personne.

Alors que Dawson, Joey et Pacey sont encore emberlificotés dans un triangle amoureux interminable, Jen, sur son lit de mort, passe ses derniers instants à régler les problèmes de cœur de ses camarades. Son décès sert finalement d'élément déclencheur pour la croissance et l'évolution des autres protagonistes : « J'ai regardé tous les personnages et je me suis dit, sur qui ça pourrait tomber ? Elle m'a toujours semblé être l'outsider, celle qui n'a jamais eu l'impression de trouver sa place. Et je me suis dit, quelle belle façon de la laisser être le catalyseur pour les développements de tout le monde », a d'ailleurs expliqué le créateur, Kevin Williamson, sur ce choix final. Reléguée au statut d'outil narratif, la jeune femme ne méritait visiblement pas d'avoir sa propre histoire. Vingt ans plus tard, on entend encore retentir les lamentations des fans de *Dawson* : Jen méritait mieux que ça.

Faith Lehane
(*Buffy contre les vampires*)

Comme beaucoup de gens de notre génération, nous sommes toutes les deux tombées amoureuses de *Buffy contre les vampires* dans l'enfance, pendant nos visionnages quasi religieux de *La Trilogie du samedi* sur M6. Buffy avait toute notre admiration : elle était courageuse, drôle, et surtout, héroïque. Faith (Eliza Dushku), l'ex-alliée de l'héroïne devenue son ennemie jurée, était tout l'opposé. C'était la fille à problèmes, la mauvaise influence, qui représentait un risque pour Buffy, et avec qui nos mères n'auraient sans doute pas voulu qu'on traîne.

Faith débarque dans la saison 3. Comme Buffy, c'est une Tueuse, qui a pour mission d'éliminer vampires et autres forces du mal. Mais malgré un intitulé de poste identique, elle est tout ce que Buffy n'est pas : brune, pulpeuse, arrogante et vénéneuse. Là où la féminité de Buffy est rassurante, celle de Faith est menaçante, débridée, hors de contrôle. La jeune femme est sexualisée dès sa première apparition, où elle se déchaîne sur la piste de danse du Bronze, entourée de garçons émoustillés – une scène qui se répétera de nombreuses fois au cours de la série et deviendra sa marque de fabrique. Les costumes peuvent en dire long sur l'essence d'un personnage, et l'uniforme de Faith est on ne peut plus parlant : rouge à lèvres foncé, pantalons moulants en cuir et ventre constamment dénudé, la « Mauvaise Tueuse » est un concentré de stupre. Et si le message n'était pas assez clair, il suffit d'observer ses choix de maquillage. Alors qu'elle fouille la chambre de Joyce, son attention se porte sur un modèle de rouge à lèvres nommé Harlot – « traînée », littéralement.

Lorsqu'elle arrive à Sunnydale, Faith capte toute l'attention du Scooby Gang, au désespoir de Buffy, qui se sent délaissée et semble subitement coincée, en comparaison. Elle qui se balade souvent en robe à fleurs et cache-cœur se voit forcée de collaborer avec une Tueuse qui aime dormir nue et affirme que se battre lui « donne faim et envie de niquer ». D'ailleurs, Faith semble perpétuellement excitée, et jette son dévolu sur quasiment tous les hommes de la série (dont tous les petits amis de Buffy) : Xander, Angel, Spike, Scott, Riley, le principal Robin Wood, ou le maire de la ville, qu'elle surnomme « sugar daddy » avant de finalement développer une relation filiale avec lui. Elle fait même du gringue à Giles : « Je ne savais pas qu'il y avait des Observateurs jeunes et mignons. » La moitié de ses répliques sont des sous-entendus sexuels, et son regard lubrique et malicieux ne la quitte presque jamais, y compris lorsqu'un policier la tient en joue : « Je l'aime bien, il est viril. »

Si *Buffy contre les vampires* fonctionne comme une métaphore de l'adolescence, Faith est l'incarnation des dangers du sexe et semble tout droit sortie des pires cauchemars de parents versaillais. Elle ne cesse d'essayer de convertir Buffy à sa manière de voir les choses et de lui apprendre à apprécier le côté violent et incontrôlable de leur mission, à coups de « je sais que tu aimes ça » ou « quand ça fait quelques mois que tu n'as pas eu d'action, ça te démange à l'intérieur ». Sa philosophie est simple : « Je veux, je prends, j'ai. » Mais quand Buffy s'essaie à son mode de vie, se mettant à porter des décolletés et danser de manière lascive au Bronze, Angel la juge, comme si elle devenait moins attirante à ses yeux. Et lorsque Faith finit par tuer accidentellement un être humain, la leçon est claire : son côté bestial n'attire que des ennuis.

Dommage que la série ait à ce point vilipendé la sexualité de Faith, surtout que son hypersexualisation masque autre chose. N'ayant jamais appris à aimer ou à exprimer ses émotions de manière mature, la jeune femme s'est bâti cette carapace de fille facile. Sous l'air détaché qu'elle entretient savamment se cachent un immense gouffre affectif et une haine de soi tenace. Dans un épisode remarquable, Faith se retrouve dans le corps de Buffy, et inversement. La Tueuse incontrôlable constate l'amour et le soutien dont Buffy bénéficie et s'en trouve bouleversée. Lors de leur confrontation finale, elle frappe son propre corps et, au lieu d'insulter Buffy, elle s'en prend à elle-même : « Sale connasse meurtrière, tu n'es rien, tu me dégoûtes. » Irrespectueuse, dangereuse, impulsive, Faith est dans la surenchère permanente, ce qui n'en fait pas un personnage facile à aimer. Mais ces quelques moments d'humanité permettent de donner un peu de profondeur au cliché de la traînée.

Nina Sergeevna (*The Americans*)

Lorsqu'on fait la connaissance de Nina (Annet Mahendru), elle est prise pour cible par Stan Beeman, un agent du FBI, qui espère faire d'elle sa source. La jeune femme est agent du KGB et travaille à l'ambassade de Russie à Washington. Pendant son temps libre, elle échange des boîtes de caviar récupérées à l'ambassade contre du matériel stéréo qu'elle envoie au pays pour soutenir financièrement sa famille. Avide d'accéder aux services russes locaux, Stan a trouvé la proie idéale : si la hiérarchie de Nina découvrait ses combines parallèles, elle l'enverrait direct en Sibérie. Prise en étau entre les autorités de son pays et le chantage du FBI, Nina décide de collaborer pour se protéger. Un jeu de trahison dont on sait tout de suite qu'il pourrait lui être fatal. Mais la jeune femme, habile et surprenante, sait utiliser les ressources dont elle dispose pour se défendre. Oleg, son collègue et amant, le notera d'ailleurs : « Tu n'as pas d'armure pour te protéger, seulement ton intelligence, ton courage et ta beauté. »

Loin d'ignorer l'effet qu'elle a sur les hommes qui l'entourent, Nina se sert au contraire de ses charmes pour parvenir à ses fins. Alors qu'il l'utilise comme source depuis quelques semaines, Stan pousse la jeune femme à obtenir plus d'informations de la part de ses supérieurs. « Tu es belle, intelligente, intuitive et… belle. Je suis certain que tu trouveras un moyen d'obtenir ces infos. » Quelques jours plus tard, nouveau rendez-vous entre l'agent et la jeune Russe. L'opération a été un succès. Stan, émerveillé, lui demande : « Comment est-ce que tu as réussi à le faire parler ? » Impassible, Nina répond : « Je l'ai sucé, comme tu m'avais dit de le faire. » L'Américain la regarde alors bouche bée, sous le choc, et se défend : jamais il ne lui aurait demandé de faire une chose pareille ! Mais Stan a beau s'abriter derrière sa stupeur morale, difficile de ne pas détecter chez lui une bonne dose d'hypocrisie. À quels outils la belle Nina aurait-elle bien pu recourir pour atteindre son but ? Par quels moyens une femme seule, vulnérable et menacée, sans réseau, ni argent, peut-elle rester en vie dans un monde de défiance et de manipulations ?

Oui, Nina obtient des informations et crée des alliances grâce au sexe. Pour glaner des renseignements sur les opérations en cours, elle couche avec Vasili Nikolaevich, le chef de sa rézidientoura, un homme petit, chauve, qui a l'âge d'être son père. Pire : lorsqu'elle risque d'être exposée, elle piège Vasili afin de lui faire porter le chapeau pour ses trahisons. Ce qu'il y a de plus déroutant dans cette intrigue n'est pourtant pas l'attitude de Nina, mais plutôt celle de son chef. Comment un homme comme lui, un espion de surcroît, ne s'interroge-t-il pas sur les intentions de cette magnifique femme de trente ans sa cadette ? Serait-ce parce que la société tout entière, le cinéma et la littérature en premier, nous ont toujours enseigné qu'il était normal pour une femme jeune et belle d'être attirée par un homme de pouvoir âgé, quelle que soit son apparence ? Lui qui l'appelle avec affection « mon médicament » et « ma petite Nina » ne se demande pas, en tout cas, ce qu'elle peut bien tirer de cette relation.

Nina sait ce que les hommes et la société attendent d'elle, et c'est là sa plus grande force. Regard de velours, voix douce et moue boudeuse, elle est l'incarnation de la séduction féminine. Très vite, elle entame une relation avec Stan, qui est tombé sous son charme dès les premières minutes de leur rencontre. Quand l'agent tente de mettre fin à leur aventure pour sauver son mariage, Nina feint d'accepter, docile et compréhensive, avant de retirer sa nuisette devant lui pour se rhabiller. Évidemment, Stan est incapable de résister à la vision de cette femme dénudée et relance la liaison qu'il venait tout juste d'interrompre. Et on ne peut qu'admirer l'intelligence de la jeune Russe qui, au lieu de faire une scène, a compris qu'il suffisait de se dévêtir innocemment devant son amant pour l'attirer à nouveau vers elle.

Si Nina manipule, elle n'en reste pas moins sincère et développe de réels sentiments pour Stan, mais aussi pour Oleg, un collègue avec qui elle entretient une relation en parallèle. Elle est assez intelligente pour percevoir l'ambivalence de sa situation. Quand son amant du FBI lui montre *La Maîtresse du lieutenant français* en espérant l'attendrir et la faire pleurer, Nina réagit violemment à l'histoire du film et à son héroïne : « Je pense qu'elle est trop ce qu'un homme pense qu'est une femme, *ce qu'il veut qu'elle soit.* Donc si elle l'aime, cela fait d'elle une putain ? […] Est-ce que c'est comme ça que tu me vois ? C'est ce que je suis pour toi ? Une putain ? » Plus tard, quand Nina racontera son histoire à sa codétenue en Russie, elle emploiera des termes similaires : « J'ai eu deux amants, l'un communiste, l'autre capitaliste. J'ai été tout ce qu'ils voulaient que je sois. »

Prise au piège dans sa toile de trahisons, Nina est finalement rapatriée en Russie où elle est d'abord incarcérée. Pour s'en sortir, elle fait encore une fois appel à son pouvoir de séduction et s'attire la confiance et les confessions de sa voisine de cellule, qu'elle trahit pour être libérée. Les autorités soviétiques, qui ont bien conscience des talents de leur ancienne recrue, lui affectent une nouvelle mission : séduire Anton, un scientifique juif forcé de travailler sur un projet sensible dans une usine d'État. La jeune femme s'attèle à sa tâche : elle est douce, serviable, complice, lui prépare du thé, comme elle le faisait autrefois pour Vasili. Mais Anton, lassé par les diverses tentatives de compromission des soviétiques, ignore ses efforts. Au lieu d'un rapport de séduction, c'est une amitié qui s'établit peu à peu entre les deux parias. Ici, plus de manipulations, plus de trahisons pour sauver sa peau. Nina trouve en Anton un alter ego, quelqu'un qu'elle estime et qui l'estime en retour, loin de tout ascendant sexuel. Cet axe rédempteur ne sauvera pas pour autant la jeune femme. Au contraire. C'est son absence de calcul et sa générosité qui lui seront fatals. Après avoir essayé de faire passer un message au fils de son ami, elle est condamnée à mort et brutalement exécutée, dans l'une des scènes les plus choquantes de toute la série. Finalement, Nina avait tout compris : utiliser ses charmes pour manipuler était bel et bien son seul atout dans cet univers sans pitié.

Fleabag (*Fleabag*)

Quand elle est montée sur scène pour récupérer l'Emmy du meilleur scénario comique en 2009, Phoebe Waller-Bridge s'est réjouie : « C'est merveilleux, et rassurant, de voir qu'une femme obscène, vicelarde, paumée et en colère peut arriver jusqu'aux Emmys. » Obscène et vicelarde, Fleabag ? Quand on fait sa connaissance, elle est en tout cas définie par son rapport au sexe. Dans la première scène de la série, on voit l'héroïne accueillir un coup d'un soir chez elle, s'adonner avec lui aux « rebondissements d'usage », avant de se faire prendre par derrière plus ou moins par surprise. Le lendemain matin, l'homme, extrêmement reconnaissant, la regarde avec émotion et lui avoue qu'il rêvait depuis longtemps de s'essayer à la sodomie mais que ça n'avait jamais été physiquement possible avec les autres femmes. Dans le plan suivant, Fleabag est seule, assise un café à la main, quelques heures après le départ de son partenaire mais toujours préoccupée par une question. « Est-ce que j'ai un énorme trou de balle ? » s'interroge-t-elle en regardant la caméra. La série a commencé depuis à peine trois minutes, le générique n'a même pas été lancé, mais le ton est déjà donné.

Dans le même épisode, on voit l'héroïne se masturber devant un discours de Barack Obama, insulter un mec qui ne veut pas coucher le premier soir et proposer à une fille bourrée de rentrer avec elle. Dans le deuxième épisode, son petit ami liste, dégoûté, les dix-neuf catégories de porno que la jeune femme a explorées sur son ordinateur, un panel qui inclut des recherches comme « bukkake », « grosse bite » ou encore « petits seins ». Si on ne regardait que ces épisodes, on pourrait voir en Fleabag une nouvelle Samantha Jones, une héroïne libérée qui incarne un rapport à la sexualité inédit à la télé. Mais derrière sa verve mordante et son obsession pour la chose, l'Anglaise cache un profond mal-être. Elle l'avoue elle-même avec ironie lors d'une séance de thérapie dans la saison 2 : « Pendant toute ma vie d'adulte, j'ai utilisé le sexe pour détourner mon attention du vide intersidéral qui règne dans mon cœur. »

On le comprend au fil des épisodes : ce qui définit réellement Fleabag, ce n'est pas sa sexualité débridée mais sa solitude. L'héroïne a perdu sa mère quelques années avant le début de la série. Dans un flashback où l'on assiste aux obsèques de cette dernière, la jeune femme se confie à Boo, sa meilleure amie :

« Tout cet amour que j'avais pour elle, je ne sais pas quoi en faire maintenant. » Sa confidente lui propose de le reporter sur elle : « Je suis sérieuse, ça a l'air merveilleux. Je le prendrai, c'est à moi que tu dois le donner. » Les deux jeunes femmes ont une amitié fusionnelle et ouvrent un café ensemble. Mais un soir, alors que Boo est absente, son petit ami et Fleabag couchent ensemble. Lorsqu'elle apprend que son copain l'a trompée, sans savoir avec qui, Boo décide de lui faire payer sa trahison en faisant croire à une tentative de suicide. Espérant être légèrement blessée et attirer ainsi sa sympathie, elle se jette sous les roues d'un vélo dans les rues de Londres, mais se fait percuter par une voiture, entraînant, avec la sienne, la mort de trois autres personnes. La série manie l'humour noir à merveille et cet accident incongru prête à sourire, mais l'impact sur l'équilibre de notre héroïne est bien réel. Rongée par le chagrin et la culpabilité, la jeune femme est aussi perçue par tout son entourage comme une détraquée dont les excès sexuels ont causé la mort de son amie. Dans le final de la première saison, Fleabag se retrouve rejetée par tous, y compris sa propre sœur, qui l'accuse d'avoir tenté d'embrasser son mari et refuse de l'écouter quand elle lui dit que c'est lui qui a eu un comportement déplacé : « Comment veux-tu que je te croie ? Après ce que tu as fait à Boo ! »

Après cette confrontation, il faut attendre la dernière scène de la saison pour que l'Anglaise se dévoile enfin, mettant de côté son sarcasme caractéristique. Ce moment de sincérité a lieu, et ce n'est pas un hasard, auprès d'un autre obsédé sexuel : un employé de banque accusé de harcèlement que Fleabag a déjà croisé plusieurs fois et qui vient dans son café pour lui proposer un prêt. Acculée par la culpabilité et cherchant désespérément quelqu'un à qui parler, la jeune femme lui confie : « Parfois, j'aimerais ne même pas savoir ce que c'est que “baiser”. Et je sais que mon corps, tel qu'il est maintenant, est la seule chose qu'il me reste, et une fois que je serai vieille et imbaisable, je n'aurais plus qu'à le tuer. »

Quand on retrouve Fleabag pour la saison 2, un peu plus d'un an s'est écoulé. La Londonienne a décidé de reprendre sa vie en main. Elle fait du sport, mange des avocado toasts et refuse désormais les rapports sexuels sans lendemain – même lorsqu'un homme très beau propose de lui faire « au moins un cunni ». Si la première saison documentait la déliquescence de l'héroïne, ce nouveau chapitre s'intéresse à sa reconstruction. Et celle-ci s'effectue à travers sa relation avec un nouveau personnage : le *hot priest*, un prêtre irlandais (joué par le très charismatique Andrew Scott) dont elle tombe immédiatement sous le charme. Les scènes entre les deux personnages nous offrent une illustration brillante du désir féminin. Dévorée par son attirance pour le prêtre, Fleabag se focalise à plusieurs reprises sur des parties de son corps. Au milieu d'une conversation, elle regarde la caméra et s'exclame fébrilement : « Ses bras ! [...] Sa nuque ! »

C'est en tombant amoureuse de cet homme à qui le sexe est littéralement interdit, que la jeune femme réévalue enfin son rapport à l'intimité et à elle-même. Celle qui pensait que son corps était la seule chose qu'il lui restait doit, pour la première fois, établir avec un homme qui l'attire une relation émotionnelle. Fleabag et le *hot priest* finiront bien sûr par passer à l'acte. Mais alors que toutes les autres scènes de sexe de la série avaient droit à un traitement très cru et presque comique, Fleabag repousse pour la première fois la caméra lors de sa nuit avec le prêtre, comme pour préserver ce moment réellement intime de tout regard extérieur. Leur histoire ne durera pas, mais là n'est pas l'essentiel : grâce au prêtre, Fleabag a enfin réappris à aimer, et elle a surtout appris qu'elle était elle-même digne d'amour et de respect.

Les repoussoirs

Dans la pop culture, les « moches » sont rarement moches. Au cinéma, il leur suffit d'enlever leurs lunettes et de mettre du rouge à lèvres pour devenir canons. À la télé, les coincées comme Charlotte York, Annie Edison ou Monica Geller sont incarnées par des actrices sublimes, tout comme les outsiders et les garçons manqués (Joey Potter dans *Dawson*, Anna dans *Newport Beach* ou Starbuck dans *Battlestar Galactica*).

Ces *girls next door*, qu'on voudrait simples et accessibles, sont tout sauf ça : Betty Cooper dans *Riverdale*, Lana Lang dans *Smallville* ou Penny dans *The Big Bang Theory* pourraient littéralement être mannequins. Elles nous sont présentées comme banales ou discrètement jolies, alors qu'elles correspondent à tous les critères de beauté dominants – ce qui ne fait que renforcer un standard de féminité trompeur et inatteignable pour les spectatrices qui s'y confrontent.

Alors quand un personnage vient enfin bousculer ces codes étroits, ne serait-ce que très légèrement, on l'aime à la folie. Comme Edith Crawley, la fille un peu ingrate de *Downton Abbey*, qui grandit dans l'ombre de ses sœurs magnifiques mais finira par s'épanouir malgré tout. Ou Amy Schumer, qui, dans sa série de sketchs *Inside Amy Schumer*, grossit le trait à l'extrême et se dépeint en repoussoir ultime. Il y a aussi Rebecca Bunch qui, dans le premier épisode de *Crazy Ex-Girlfriend*, se coupe les poils du nez et saigne en s'épilant le sillon interfessier. Et Calamity Jane dans *Deadwood*, ivrogne vulgaire que tous les personnages supplient régulièrement de prendre un bain.

Ces dernières années, la définition de la féminité à l'écran s'est quelque peu élargie. Des séries comme *Orange Is the New Black*, de Jenji Kohan, ou *G.L.O.W.*, de Liz Flahive et Carly Mensch, ont fait la part belle à des héroïnes de toutes corpulences, de toutes couleurs de peau et de tous âges, pour beaucoup également queers. Des bandes de filles qui ne sont pas là pour satisfaire le regard masculin, ou *male gaze*, comme les loseuses disgracieuses de *Derry Girls*.

Elles sont un peu cracra, malpolies, mal fagotées et, selon les standards infiniment restrictifs d'Hollywood, anti-glamour. Coincées, pathétiques ou maladroites, elles ont clairement échoué au jeu de la féminité naturelle. Mais c'est pour ça qu'on les adore. Elles nous rappellent que nos poils aux jambes, notre amour du fromage qui pue et nos crushs pathétiques ne font pas de nous des monstres. Juste des femmes.

Hannah Horvath (*Girls*)

En 2012, lorsque Lena Dunham commence à incarner Hannah Horvath dans sa propre série *Girls*, la critique salue immédiatement son « courage ». À l'époque, exister à la télé dans une taille 40 est effectivement perçu comme un acte de bravoure inédit. « Hollywood pourrait bien être sur le point de régler son problème de poids, et Lena Dunham est celle qui va peser dans la balance », affirme *Vanity Fair US* sans craindre le jeu de mots douteux. Son poids et son physique, ainsi que sa détermination à apparaître « anti-sexy » à la télé, seront sans cesse commentés et violemment critiqués au fil de la diffusion de la série. En 2013, l'animateur de radio Howard Stern qualifie Lena Dunham de « petite grosse. [...] Elle n'arrête pas d'enlever ses vêtements, c'est presque comme un viol... Je n'ai pas envie de voir ça ». En 2014, un post de blog publié sur le site du *Huffington Post* américain prend la série à partie et alerte sur le fait que « l'obésité est un problème de santé sérieux qui ne devrait pas être célébré ou accepté ».

Hannah, on nous le dit dans le pilote, pèse 66 kilos. Et pourtant, sa nudité fréquente, son corps légèrement rond et ses vêtements mal ajustés en font instantanément un des repoussoirs les plus subversifs du petit écran. Si Lena Dunham n'a rien d'un tâcheron, Hannah est clairement dépeinte comme l'empotée un peu ingrate de son groupe, beaucoup moins sexy que la pulpeuse Jessa ou la grande et mince Marnie, et beaucoup moins conventionnellement féminine que Shoshanna. Elle ne prend pas soin d'elle, porte des vêtements peu flatteurs et des couleurs mornes – les concepts de classe et de bon goût lui sont étrangers. Il n'y a pas que son corps qui est subversif, mais aussi ce qu'elle en fait, comment elle choisit d'habiter l'espace : la jeune femme refuse catégoriquement d'être effacée, discrète ou conciliante.

Pour des multitudes de femmes, au moment où *Girls* sort, voir une héroïne ronde à la télé est une révolution. Surtout que, contrairement à ce que la société voudrait, Hannah ne passe pas son temps à essayer de cacher son corps dans des tentes informes ou à culpabiliser sur ses bourrelets. Rarement couverte, elle est plutôt du genre à porter des tops en résille jaune fluo pour aller en boîte. Elle se balade dans la rue en bikini. Elle prend des photos d'elle nue. À une époque où le corps des femmes d'Hollywood était encore extrêmement normé, et où une actrice comme Jennifer Lawrence pouvait être qualifiée de « ronde », chaque épisode de *Girls* a recalibré notre regard, encore peu habitué à voir autre chose que des femmes en taille 34.

Alors que les scènes de nudité, quand il s'agit d'actrices minces, choquent rarement qui que ce soit, voir Lena Dunham dans son plus simple appareil provoque un outrage permanent, à tel point qu'en 2017 l'autrice Kate Spencer prend la défense de l'actrice dans *The Daily Beast*: « Reste nue, Lena Dunham ! » Elle affirme que l'actrice et scénariste est « vraiment la première femme [qu'elle ait] vue à la télé qui [lui] ressemble. Non seulement ça, mais elle est bien dans sa peau, dans sa nudité, dans sa sexualité ». Et ça, pour certains, c'est inacceptable.

Dans la pop culture, des femmes belles comme des déesses se retrouvent souvent en couple avec des hommes beaucoup moins attirants qu'elles (cf. tous les films de Woody Allen). Hannah Horvath renverse aussi ce stéréotype, et c'est peut-être là une de ses plus grandes provocations. Dans *Girls*, l'héroïne entretient une relation romantique compliquée avec Adam, incarné par un Adam Driver encore inconnu au bataillon mais déjà débordant de charisme. Certes, il est doté de charmantes oreilles en chou-fleur et d'un physique atypique, mais Adam est très grand, musclé, a des cheveux soyeux et beaucoup de succès avec les femmes : bref, dès le départ, la série nous fait comprendre qu'ils ne jouent pas dans la même catégorie. À travers cette relation et toutes les autres que notre anti-héroïne entretiendra avec certains des hommes les plus charmants d'Hollywood (Jake Lacy, Riz Ahmed ou encore Donald Glover), *Girls* inverse une des tendances les plus pérennes de l'industrie du divertissement.

Dans l'épisode « Sors les poubelles », Hannah s'engage dans une aventure de quelques jours avec un homme magnifique, riche et plus âgé qu'elle, incarné par Patrick Wilson. Un rebondissement qualifié d'« invraisemblable », « déconcertant » et « gênant » par certains critiques masculins. Pourtant, quand on revoit les premiers épisodes de la série aujourd'hui, dix ans après le début de sa diffusion, on constate à quel point le débat autour de l'apparence de l'actrice était complètement disproportionné. Et à quel point la représentation féminine actuelle, plus éclectique bien qu'encore très imparfaite, lui doit sans doute beaucoup.

Si les débats de l'époque ont été très focalisés sur son apparence, le plus répugnant (et jouissif) chez l'anti-héroïne est finalement sa personnalité : immature, geignarde, radine, égocentrique, Hannah est un cauchemar ambulant. Elle dit dans une même scène «le café, c'est pour les adultes » et « j'ai vingt-quatre ans, ne me dites pas ce que je dois faire ». Elle ne sait pas comment aplatir un carton, utilise un sac poubelle en guise de valise et espère à voix haute être atteinte du VIH pour « avoir une excuse pour rappeler » son crush.

À travers elle, Lena Dunham fait la satire désopilante d'une jeunesse à la fois privilégiée et complètement paumée.

Mais Hannah n'est pas seulement pénible ou gênante, elle est carrément toxique et abusive, comme quand elle tente sereinement d'imiter Sharon Stone dans *Basic Instinct* lors d'un entretien d'embauche, ou fait une fellation à l'un de ses meilleurs amis contre son consentement. On ne peut pas faire plus anti-héroïne que ça, et c'est tant mieux : après tout, pourquoi devrait-on n'avoir que des personnages féminins admirables et moralement droits ? Le plus triste reste donc le niveau de vitriol que le personnage a reçu. On ne peut s'empêcher d'imaginer que si elle avait été jouée par une actrice beaucoup plus mince et apprêtée, elle n'aurait pas suscité le même dégoût.

Martha Hanson (*The Americans*)

Rarement un personnage de pop culture aura autant inspiré la pitié que Martha Hanson. Secrétaire dans un bureau du FBI, la trentenaire est séduite par le héros de la série, un espion du KGB qui se fait passer pour un agent fédéral américain. Il l'épouse, la convainc de cacher leur relation au reste du monde et la manipule pour obtenir des informations sur les activités du FBI. Martha finira par découvrir la véritable identité de ce mari fictif, mais seulement après lui avoir transmis des documents pendant des années. Alors que son service commence à la suspecter, elle est forcée de quitter son pays, d'abandonner sa vie et ses parents, pour être exfiltrée vers la Russie. Un sort si cruel que, pendant plusieurs saisons, après chaque diffusion de *The Americans*, les fans de la série ont eu pour cri de ralliement «*Poor Martha!*» («Pauvre Martha!»).

Quand on la rencontre dans le premier épisode, Martha (jouée par l'excellente Alison Wright) fait pourtant office de soupape comique dans un univers très sombre. Là où les autres personnages sont suspicieux et manipulateurs, la secrétaire est crédule et sincère. Elle reçoit Clark – l'alias que choisit Philip Jennings pour la séduire – avec un empressement presque risible. Prototype de la vieille fille, elle est célibataire, vit dans un petit deux-pièces et est abonnée aux relations courtes et foireuses. Alors qu'Elizabeth Jennings, l'héroïne de la série jouée par Keri Russell, est terriblement belle et élégante, Martha a un physique quelconque et une garde-robe principalement constituée de jupes en tweed, de blouses en soie ringardes et de chemises de nuit Damart.

Mais la qualité la plus repoussante de Martha, c'est son envie d'aimer et d'être aimée en retour. Il n'y a rien de moins cool dans l'imaginaire collectif qu'une femme en quête de l'amour, et Martha le recherche désespérément. Elle ne feint pas le désintérêt, ne cultive aucun mystère, mais fait au contraire preuve d'un enthousiasme presque gênant. Elle regarde Clark avec un air béat, l'appelle « chéri » au bout de quelques rendez-vous et lui dit qu'elle l'a attendu toute sa vie. C'est cette vulnérabilité qui fait d'elle la cible idéale. Martha ne veut pas être seule, elle ne veut pas se suffire à elle-même. Elle veut une grande histoire d'amour et c'est sur ce levier que Philip va appuyer pour la manipuler.

Les scènes de sexe entre Martha et Clark sont aussi utilisées comme ressort comique dans les premiers épisodes de la série. Sous ses airs un peu coincés, la trentenaire aime faire l'amour et n'a pas peur de le montrer. Pendant l'acte, elle pousse des cris stridents et hurle des « *shoot yourself into me, Clark!* » (« décharge-toi en moi, Clark ! ») à son partenaire. Elle est l'heureuse propriétaire d'un *Kamasutra* qu'elle utilise lors de ses parties de jambes en l'air – un livre qui amusera d'ailleurs beaucoup Stan, un de ses collègues, agent du FBI, quand il fera la perquisition de son appartement quelques saisons plus tard. Pourquoi est-ce si drôle ? Sûrement parce que Martha n'est pas sexy et n'a donc pas le droit de tant aimer le sexe que ça. Mais aussi parce qu'une femme ne devrait pas exprimer son plaisir avec autant d'abandon, au risque de paraître ridicule.

Au fil des épisodes, les scènes de Martha se font de moins en moins drôles et de plus en plus tragiques. À la fin de la première saison, elle épouse Clark. Parmi les quatre convives : les parents de Martha, aux intentions aussi pures que celles de leur fille, Claudia, officier du KGB qui se fait passer pour la mère de Clark, et Elizabeth, la véritable épouse de Philip, qui prétend être sa sœur. Si Martha, extatique, vit le plus beau jour de sa vie, si ses parents se réjouissent du bonheur de leur fille, pour les trois autres membres de l'assemblée, la cérémonie est une farce, juste une étape nécessaire pour manipuler cette secrétaire en manque d'amour.

Seul personnage foncièrement honnête dans un univers corrompu, Martha a fini par séduire les fans mais aussi Philip/Clark, qui développe une réelle tendresse pour elle avec les années. Peut-être parce qu'elle est l'exact opposé d'Elizabeth : expansive et chaleureuse là où l'espionne est froide et énigmatique ; prête à trahir son pays par amour quand la seconde place la loyauté idéologique avant tout. Au-delà de ses qualités de cœur évidentes et trop facilement raillées, Martha est aussi l'un des personnages les plus courageux de *The Americans*. À chaque interrogatoire du FBI, elle parvient à conserver un impressionnant sang-froid et à ne jamais trahir Clark. Mais elle a surtout le courage de ses sentiments. Oui, le couple est ce qui importe le plus à ses yeux. Non, elle ne veut surtout pas être seule. Beaucoup flancheraient à l'idée de confesser pareils désirs mais Martha, elle, les revendique. C'est ce qui va la mener à sa perte, mais c'est aussi ce qui fait d'elle un personnage si émouvant.

Liz Lemon (*30 Rock*)

Si Liz Lemon n'y prend pas garde, Tom apparaît au bout de 48 heures. Tom, c'est sa moustache, nommée en hommage à Tom Selleck. Quand elle a écrit le personnage de Liz, Tina Fey, la scénariste et interprète principale de *30 Rock*, n'a pas essayé de rendre son héroïne glamour, au contraire. Scénariste d'une émission médiocre à la télé américaine, la trentenaire parle de ses selles à ses petits amis, se balade avec de la salade coincée entre les dents et suit un régime composé principalement de hot-dogs et de fromage. Elle transpire et bave tellement pendant son sommeil qu'elle laisse une auréole sur son oreiller au réveil. Et après une énième rupture, elle débarque au boulot en survêtement rose avec une banane autour de la taille et un chat dans les bras en annonçant fièrement sa « transition gracieuse vers la vie de vieille fille ».

Quand il la rencontre pour la première fois, Jack Donaghy, son patron et mentor joué par Alec Baldwin, dresse immédiatement son portrait : « New-yorkaise, féministe de la troisième vague, diplômée, célibataire et qui prétend que son célibat la rend heureuse, surmenée, sexuellement frustrée… Vous achetez n'importe quel magazine qui annonce "Avoir une bonne image de soi" en couverture et tous les deux ans, vous vous mettez au tricot pendant… une semaine ? » Un collègue de Liz lui répond : « C'est exactement ça ! » Le quotidien de l'héroïne est en effet marqué par l'omniprésence de sa carrière et ponctué de relations amoureuses qui tirent souvent vers le grotesque. Sortie deux ans après la fin de *Sex and the City*, *30 Rock* se veut la version réaliste de la vie d'une femme célibataire à New York. Ici, pas de talons aiguilles Manolo Blahnik ni de Cosmo dans des bars branchés. Liz passe ses soirées au boulot ou sous un plaid devant sa télé. Quand elle retrouve des copines pour le déjeuner, Jenna, sa meilleure amie narcissique, fait remarquer : « On ressemble trop aux héroïnes de *Sex and the City* là, non ? Moi, je suis Samantha, toi, t'es Charlotte, et Liz tu es la dame qui regarde la série à la télé chez elle ! »

À l'opposé d'une Carrie Bradshaw effervescente et libérée, Liz est prude, s'énerve pour un rien et souffre du syndrome de la bonne élève : elle déteste qu'on enfreigne les règles et recherche constamment l'approbation de Jack. Au moment de la diffusion de la série, Liz était déjà perçue comme l'incarnation d'un archétype féministe un peu vieux jeu. Elle cite Eleanor Roosevelt et Emily Dickinson, clame qu'elle peut « tout avoir » – carrière et amour – et vilipende la Saint-Valentin. Surtout, elle juge les femmes qui utilisent leur féminité et leur sex-appeal pour séduire. Alors que Cerie, la jeune et jolie secrétaire de l'émission, se balade en très petite tenue, Liz la prend par la main pour lui montrer des ensembles plus conservateurs et lui explique : « Il faut que tu t'habilles comme si tu avais un boulot et des parents qui t'auraient élevée dans une tradition religieuse américaine basée sur la honte. » On pourra estimer que le quasi-puritanisme de Liz, en tout cas son jugement des autres femmes, a aujourd'hui mal vieilli. Mais la série elle-même se moque de son héroïne et de l'ambivalence de ses idéaux.

Malgré ces défaillances, Liz Lemon est vite devenue une icône pour les jeunes femmes fans de la série. Depuis des années, elle est d'ailleurs l'un des personnages qui a le plus alimenté la machine à GIF d'Internet, qu'elle soit en train de lever les yeux au ciel ou de dire « il faut que je parle de tout ça à de la nourriture ». Brillante et objectivement jolie, mais à l'opposé du cliché de la femme parfaite, elle incarne une forme de normalité à l'écran : une héroïne drôle mais souvent hypocrite, charismatique mais parfois repoussante.

Dans un épisode de la saison 6, excédée par l'absence de civisme des passagers du métro new-yorkais, elle décide d'abandonner tout savoir-vivre et se déguise en vieille dame folle hurlant sur les autres passagers. Elle découvre, émerveillée, que c'est la meilleure stratégie pour se faire respecter et, surtout, pour obtenir une place assise. L'épisode est une parodie de la saga *Batman* et Liz se transforme peu à peu en Joker, tandis que Jack est le « Tuxedo », le héros qui va sauver New York de sa folie. Lors d'une confrontation entre les deux personnages, Liz dégaine son arme fatale, celle qui lui a permis de faire le vide autour d'elle et de se retrouver seule dans un wagon du métro : son sac de sport. Quand elle l'ouvre avec un rire démoniaque, Jack s'étouffe face à la puanteur et lui dit, stupéfait : « Mais tu n'es pas une femme humaine ? ? » Si, justement, Liz est une femme humaine. Parfois, elle pue, parfois, sa consommation intensive de fromage a des conséquences malheureuses sur ses intestins. Mais dans une société obsédée par la pureté féminine, où chaque pet sorti du corps d'une femme est perçu comme contre-nature, Liz est une héroïne décomplexante et c'est ça qui fait tout son brio.

Peggy Olson (*Mad Men*)

Diffusée entre 2007 et 2015, *Mad Men* s'est immédiatement taillé une place dans le panthéon des séries d'anti-héros, aux côtés de *The Wire*, *Les Soprano* ou encore *Breaking Bad*. Son protagoniste, Don

Draper, est un publicitaire talentueux et torturé des années 1960, qui trompe sa femme, ment à ses proches, et tente sans cesse de se réinventer sans jamais y parvenir. Mais si beaucoup d'encre a coulé à propos de cet archétype masculin, la série abrite aussi une fantastique anti-héroïne : Peggy Olson. La jeune secrétaire timide, devenue cadre dans une industrie masculine et sexiste, est souvent décrite comme une figure féministe inspirante, un modèle badass (pour reprendre le qualificatif le plus éculé des récits féministes de ces dernières années) de réussite professionnelle. Mais si on l'aime autant, c'est aussi (et peut-être encore plus) pour ses côtés repoussants. Peggy est tout sauf une héroïne lisse : elle est souvent gauche, ingrate et renfrognée. Mal à l'aise avec les codes de la féminité traditionnelle, elle ne possède aucun instinct maternel, a un caractère explosif et cherche rarement à plaire. Là où les autres femmes passent leur temps à cajoler l'égo des hommes autour d'elles, Peggy est tout en angles, dans l'affrontement permanent.

C'est avec elle que l'on pénètre pour la première fois dans l'ambiance feutrée et misogyne des bureaux de Madison Avenue, le pilote correspondant à son premier jour en tant que secrétaire de Don. Dès ses premières scènes, Peggy est constamment ramenée à son physique : elle est jolie, mais mal fagotée, vulnérable et un peu coincée. Une proie parfaite. Pete

Campbell, le goujat en titre de l'agence Sterling Cooper, ouvre les hostilités lors de leur rencontre : « Tu es amish ou quoi ? Tu es à Manhattan maintenant, ça ne te ferait pas de mal de montrer un peu tes jambes. » Quelques secondes plus tard : « Si tu rentres le ventre, tu ressembleras peut-être à une femme. » Avec son style strict et légèrement démodé, cette jeune catho d'origine modeste n'a pas plus de succès auprès de ses consœurs : Joan, la cheffe des secrétaires et bombe officielle du bureau, l'incite sans cesse à mettre en avant ses atouts physiques, tout en la rabaissant – « Tu es la nouvelle, et tu n'es pas si extraordinaire, alors profites-en tant que ça dure. »

La manière la plus aisée et traditionnelle de réussir pour Peggy, selon les mœurs de l'époque, serait d'entamer une liaison avec un bon parti. C'est ce que font toutes les femmes autour d'elle, à l'instar de Joan, Jane, Betty, ou encore Megan. Mais elle n'est pas là pour se dégoter un mari. Intelligente et ambitieuse, elle envisage rapidement de faire carrière dans la publicité, alors que tout le monde ou presque tente de l'en dissuader. « Tu ne pourras jamais être un homme, lui dit Bobbie Barrett, la maîtresse de Don. N'essaie même pas. Sois une femme. C'est un business puissant, si on s'y prend bien. »

Sauf qu'à chaque fois que notre héroïne tente d'emprunter cette voie-là, elle échoue. Elle essaie sans grand enthousiasme de charmer Don, qui la rejette gentiment, et sa première amourette de bureau, avec Pete, se termine très mal. Contrairement à la majorité des héroïnes de séries de son âge, Peggy est neutralisée sexuellement et enlaidie dès la première saison. Sans savoir qu'elle est enceinte, elle prend de plus en plus de poids (l'actrice Elisabeth Moss a été affublée de prothèses pour l'occasion) et, forcée de porter les vieux vêtements de sa mère, devient vite la risée de ses collègues masculins. Après son accouchement, elle joue la carte de la séduction à l'ancienne une dernière fois, en débarquant à une soirée de clients vêtue d'une robe décolletée en satin bleu criarde et mal ajustée. Une ultime tentative aussi maladroite qu'embarrassante, et le constat devient évident : pour Peggy, l'ascension professionnelle passera par le travail et la stratégie. Comme un homme.

Au cours des sept saisons de *Mad Men*, son physique est fréquemment raillé, et on ne manque jamais de lui rappeler qu'une femme qui travaille parmi les hommes est un monstre de foire, une apparition incongrue qui amuse autant qu'elle dérange. Peggy a beau adopter des éléments masculins et autoritaires dans sa garde-robe, on la ramène constamment à son genre, et dans une scène de l'ultime saison où elle se met en colère, son manager Lou trouve encore le moyen de lui demander si « quelqu'un a filé [ses] collants », pour qu'elle soit si énervée. Mais le vrai repoussoir de Peggy, au fond, est sa modernité. C'est justement parce qu'elle tente de surpasser les hommes sur leur propre terrain qu'elle leur fait si peur. Alors qu'elle gravit les échelons et les bat à plate couture, elle gagne peu à peu le respect réticent de ses collègues, obligés de reconnaître son talent sans jamais vraiment l'accepter en tant qu'égale.

Malgré toute sa réussite, Peggy est pourtant loin du stéréotype de la femme badass. Au travail comme dans sa vie privée, elle est parfois mesquine ou cruelle. Elle arbore un carriérisme éhonté, demande sans cesse des promotions sans tact ni finesse. Rarement fair-play, elle n'hésite pas à s'attribuer la réplique fétiche de Don, son mentor – « Si vous n'aimez pas ce qu'on vous dit, changez la conversation » –, pour impressionner ses clients. Son ambition ne connaît aucune limite, et son esprit de compétition est presque maladif – son collègue Stan la taquine en disant qu'elle fait même la course pour aller aux toilettes. La liste de ses accomplissements est longue, mais celle de ses humiliations l'est sans doute encore plus – comment ne pas réprimer un frisson d'horreur en repensant à la réunion qu'elle mène fièrement, tout en ayant les dents couvertes de rouge à lèvres ?

Surtout, sa course vers le sommet ne s'est pas faite sans peine. À plusieurs reprises, elle sacrifie sa vie de femme ou de mère pour se consacrer à sa carrière, et fait des choix douloureux, qui reviendront régulièrement la hanter – notamment celui d'abandonner son unique enfant. De plus en plus terrifiée à l'idée de devenir vieille fille, elle souffre d'une profonde solitude et se lance dans une série de romances maladroites et peu judicieuses. C'est tout le paradoxe de Peggy Olson : elle représente la révolution des sixties, la marche vers le progrès de toute une génération de femmes de carrière. Mais l'héroïne n'est pas vraiment une figure féministe : elle est plutôt conservatrice, rêve de domesticité et, jusqu'à la fin, on sent que son parcours hors norme lui laisse parfois un arrière-goût amer.

Les hystériques

On ne va certainement pas vous l'apprendre, le mot « hystérique » traîne derrière lui une sombre histoire imbibée de sexisme. L'hystérie est, étymologiquement, la maladie de l'utérus, traditionnellement associée à un trouble psychotique purement féminin. Si le terme est encore parfois utilisé en psychiatrie, il est aujourd'hui décrié et considéré comme misogyne – et pour cause, nombreux sont ceux qui le brandissent encore en insulte envers les femmes qui ne se comporteraient pas de manière satisfaisante. De nos jours, on continue de qualifier d'hystériques celles qui expriment leurs opinions et leur colère, qui refusent de se marier ou de dépendre d'un homme, ou qui sont jugées trop émotives.

Toute femme à qui l'on a déjà demandé de « se calmer » ou de « se détendre » ne sait que trop bien à quel point le cliché de l'hystérique a la peau dure. Il nous empêche d'exprimer librement notre colère, nos angoisses, nos émotions même les plus contradictoires ou les plus incompréhensibles, sous peine d'être discréditées et réduites au silence. Il exige des femmes qu'elles soient constamment domestiquées et sous contrôle, et contribue ainsi à rendre taboue toute discussion autour de la santé mentale.

Dans la pop culture, les foldingues sont souvent une source de choc ou de comédie. Elles sont too much, comme Renata Klein (Laura Dern) dans *Big Little Lies*, qui perce des tympans tous les matins au petit déjeuner avec ses crises de nerfs terrifiantes (Laura Dern, qui joue aussi Amy Jellicoe dans *Enlightened*, pourrait avoir son propre chapitre tant elle a donné vie à certains des personnages féminins les plus dérangés du petit écran). Elles sont souvent stridentes et irritantes, comme Janice, la petite amie par intermittence de Chandler dans *Friends*, immortalisée par son rire ridicule et son intensité amoureuse effrayante. Ou Jan, la patronne et petite amie complètement timbrée de Michael Scott dans *The Office*, qui lui impose plusieurs vasectomies et réversions de vasectomies selon son humeur.

Elles sont parfois caricaturales ou mal écrites, parfois difficiles à aimer, mais elles ont le mérite d'exister. Elles nous donnent la permission de ressentir les choses aussi intensément qu'on le souhaite, de péter un câble quand on en a envie et d'assumer les parties les plus folles de notre personnalité. Certaines, comme Rebecca Bunch dans *Crazy Ex-Girlfriend*, nous permettent aussi de mettre des mots sur des comportements ou des sentiments longtemps considérés comme monstrueux, et pourtant extrêmement répandus. Leurs exagérations sont libératrices, leur furie délicieusement subversive. On ne va pas se mentir, certaines femmes de ce chapitre sont loin d'être des modèles. Mais quand toute la société nous pousse constamment à éviter le moindre débordement, on ne peut qu'admirer ces détraquées indociles.

Carrie Mathison (*Homeland*)

Tous les fans de *Homeland* ont cette image en tête : Carrie, en pleurs, le menton tremblant et le visage tordu par la panique. Claire Danes, son interprète, est tellement connue pour les scènes de sanglots que de nombreux mèmes ont vu le jour lors de la diffusion de la série, le site américain Vulture allant jusqu'à classer les *cry-faces* de l'actrice. Dans leur liste : « le visage en pleurs romantique », « le visage en pleurs anxieux » ou encore « le visage en pleurs du désespoir triomphant ».

Si Carrie Mathison pleure autant, ce n'est pas seulement parce qu'elle traverse des épreuves horribles, mais avant tout parce qu'elle souffre d'un trouble bipolaire.

La maladie mentale de l'agent de la CIA fait partie intégrante de l'ADN de *Homeland*, et ce, dès le générique : un morceau de jazz décousu (comme Carrie les aime) sur lequel se superposent des extraits sonores de journaux télévisés, de discours politiques et de phrases prononcées par les personnages de la série. C'est peut-être cliché mais ce flux de conscience, confus mais brillant, est censé refléter la pensée frénétique de l'héroïne. Tout au long de l'intrigue, la pathologie de Carrie est l'une des plus grandes sources de tension narrative de la série. Dans la première saison, alors qu'elle enquête sur un potentiel complot terroriste, la jeune femme abandonne son traitement après avoir été blessée par une bombe (*Homeland* n'est pas avare en rebondissements) et traverse un épisode maniaque. Sous le regard inquiet de son supérieur hiérarchique, Saul, à qui elle avait caché sa maladie, elle parcourt désespérément les couloirs de l'hôpital où elle est soignée, à la recherche d'un stylo vert qui serait, selon elle, la clé pour démasquer le complot. Son raisonnement a beau être impénétrable, il mènera tout de même à une percée fondamentale dans la résolution de l'enquête.

Au fil des saisons, Carrie connaît plusieurs épisodes maniaques ou dépressifs qui menacent sa carrière et sa santé, et la poussent à suivre un traitement par électrochocs avant d'être, plus tard, internée de force en hôpital psychiatrique. Mais dans l'écriture de la série, la maladie mentale de l'héroïne est aussi intrinsèquement liée à son génie : elle établit des recoupements et relève des indices que personne d'autre ne remarque grâce à son cerveau hors du commun. Sa pathologie est même comparée à un super-pouvoir dans un épisode de la saison 5 intitulé « Super Powers » en anglais (« Esprit éclairé » en VF), lors duquel elle décide d'arrêter son traitement pour résoudre un mystère. « Les médicaments m'ont sauvé la vie, mais j'ai aussi perdu quelque chose, explique-t-elle à son compagnon. C'est cette fenêtre où tu as cette énergie dingue mais tu es toujours lucide, tu es toujours dans le coup. C'est dans ces moments-là que je travaille le mieux. »

La question de la représentation de la bipolarité dans *Homeland* a fait l'objet de nombreux articles, éditos et autres essais personnels. Beaucoup d'entre eux ont salué le portrait de la maladie dressé par la série dans les premières saisons. *Homeland* était, après tout, l'un des premiers programmes à mettre en avant une héroïne talentueuse et attachante atteinte d'un trouble mental. Dans un article du *Guardian*, Hannah Jane Parkinson, une journaliste britannique qui souffre d'un trouble bipolaire, se réjouit ainsi : « Que le personnage principal de l'une des séries télé les plus populaires [...] soit intelligente, charmante, attirante et souffre par ailleurs d'une maladie mentale sérieuse, n'est rien de moins qu'un triomphe. » Mais la série est loin d'avoir fait l'unanimité. Bethlehem Shoals, un journaliste du magazine américain *GQ* qui vit lui aussi avec cette pathologie, écrivait ainsi en 2013 : « On peut se demander dans quelle mesure *Homeland* est vraiment intéressé par les troubles bipolaires, ou s'il ne s'agit pour eux que d'une mine d'or narrative. »

Mais c'est la question des « super-pouvoirs » de l'héroïne qui a beaucoup fait parler. Attribuer des capacités extraordinaires à des personnages souffrant de troubles mentaux est l'un des tropes préférés des séries télé. Pensez à Dr House, médecin remarquable à qui l'on prête un syndrome d'Asperger. Ou encore à Adrian Monk, enquêteur de génie atteint de troubles obsessionnels du comportement. Dans un épisode de la saison 3 de *Monk*, le personnage commence un nouveau traitement miracle qui le débarrasse de ses TOC. Seul souci : avec sa pathologie disparaît aussi toute son intelligence. Si les récits de ce type peuvent être émancipateurs et permettre de présenter les troubles mentaux sous un jour plus positif, ils peuvent aussi s'avérer délétères. Au sujet du génie maniaque de Carrie dans *Homeland*, une jeune femme atteinte d'un trouble bipolaire témoignait ainsi dans le magazine américain *Self* : « Cette idée selon laquelle les épisodes maniaques sont des dons qui justifient la douleur de la dépression me rend folle. »

Et puis Carrie a beau être définie par son intelligence hors du commun, ce sont ses pertes de contrôle qui sont les plus mémorables. Ces moments d'irrationalité sont d'autant plus frappants qu'elle est entourée d'hommes en maîtrise totale d'eux-mêmes, qui observent son attitude avec un mélange de fascination et de méfiance. Alors qu'il vient tout juste de la trahir face au Congrès, Saul déclare à son sujet : « Sa pire ennemie, c'est elle-même. » Dans un milieu peuplé d'espions et de terroristes, on est en droit de se demander si ce n'est pas là la plus grande invraisemblance de la série.

Daenerys (*Game of Thrones*)

Lorsqu'on rencontre Daenerys (Emilia Clarke) au début de *Game of Thrones*, elle a tout d'une héroïne. Elle est blonde, magnifique, vulnérable, mais aussi intelligente et sous-estimée de tous. Alors qu'elle semble être l'héritière légitime du royaume, c'est celle pour qui l'accession au trône comporte le plus d'obstacles et de difficultés. Elle est une outsider parfaite, et on n'attend qu'une chose : assister à sa trajectoire victorieuse vers le pouvoir.

C'est sans compter l'esprit tordu et brillant de George R. R. Martin, l'auteur de la saga adaptée par HBO, qui prend un malin plaisir à subvertir tous les codes classiques de la fantasy. Dans son récit, le chevalier le plus noble est une femme (Brienne de Torth), le prince Joffrey est un psychopathe, et les héros comme Ned ou Robb Stark finissent décapités ou égorgés. Quant à Daenerys, la blonde pure et innocente, elle deviendra une despote sanguinaire, massacrant le peuple qu'elle prétendait vouloir sauver.

Daenerys n'est pas sans moments d'héroïsme. Elle est généreuse, défend les faibles et les opprimés, et croit en une autre forme de gouvernance. Cette ambitieuse jeune femme est persuadée d'accomplir sa destinée. Après avoir grandi sous l'emprise d'un frère incestueux, elle a été « vendue, enchaînée, trahie, violée et outragée », comme elle le rappelle à Jon Snow, et ne doit sa survie qu'à sa foi en elle-même. C'est donc avec exaltation qu'on la voit s'émanciper, prendre sa revanche sur son frère, ou prouver sa force aux Dothrakis, un peuple de guerriers qui lui était hostile mais qui finit par lui jurer fidélité.

Rare femme dans un univers d'hommes, Daenerys est sans cesse sous-estimée. Dans la saison 6, elle est emprisonnée à Vaes Dothrak, où, sans son mari, elle n'a soudainement plus aucune valeur aux yeux des Dothrakis. Une nouvelle fois, elle se trouve rabaissée et menacée : « On te baisera tour à tour. Ensuite, on laissera nos sangs-coureurs te baiser. Et s'il reste quelque chose de toi, ce sera au tour des chevaux. Pauvre folle. » (Ça peut paraître un peu violent, mais dans *Game of Thrones*, c'est juste un mardi comme un autre.) Plus vulnérable que jamais, Daenerys refuse malgré tout d'être secourue par ses alliés masculins, et s'en sort seule, brûlant vifs ceux qui la menaçaient.

La scène où elle libère les esclaves d'Astapor est une des plus grisantes de toute la série. Dans cet épisode de la saison 3, Daenerys fait mine d'offrir un de ses jeunes dragons à un marchand d'esclaves, en échange de milliers de captifs qu'elle espère rallier à sa cause. Pensant qu'elle ne comprend pas sa langue, l'homme se félicite à voix haute : « La putain a son armée. » Mais la jeune reine n'a jamais eu l'intention de sacrifier un de ses dragons et, révélant par la même occasion qu'elle parle parfaitement le haut valyrien, elle ordonne immédiatement à sa nouvelle armée de tuer l'ancien maître. D'un simple « *Dracarys* » – l'ordre donné à ses dragons pour qu'ils crachent des flammes –, elle finit de se venger en réduisant en cendres celui qui l'a insultée quelques secondes plus tôt.

Dans l'univers de *Game of Thrones* comme dans le nôtre, les femmes de pouvoir sont souvent considérées comme repoussantes, trop viriles – un guerrier affirme que Daenerys n'est pas une femme, mais « un homme qui cache sa queue dans son cul ». Elle est pourtant suivie aveuglément par des milliers d'hommes, et il y a quelque chose d'étourdissant à voir une jeune femme blonde provoquer la ferveur d'une armée entière de redoutables guerriers. Les cheffes de guerre sont rares dans la fiction, et Daenerys est l'une des plus formidables de l'histoire de la télé, tous genres confondus.

Alors, qu'est-ce qui fait de la mère des dragons une « hystérique » ? Si ses nombreuses démonstrations de force sont grisantes, on comprendra plus tard qu'elles cachent en fait de sombres tendances despotiques. Les indices étaient là depuis le début : la musique et l'imagerie messianiques l'accompagnent partout où elle passe. Dans la saison 6, après la prise de Meereen, le plan en contre-plongée de Daenerys victorieuse et du drapeau des Targaryen flottant au-dessus de la cité laisse peu de place à l'ambiguïté : la jeune femme est une conquérante, avec tout ce que cela implique de violent et de tyrannique.

Malheureusement, son personnage a été desservi par la narration accélérée des dernières saisons. La mutation finale de Daenerys en oppresseur aurait dû être bouleversante, mais *Game of Thrones* n'a pas su lui accorder le temps et la nuance nécessaires. Dans ses derniers épisodes, la série recourt à tous les pires clichés sur la folie féminine : soudainement, Daenerys est cernée, mal coiffée, les yeux rougis et les lèvres gercées – car si une femme n'est pas présentable, c'est forcément qu'elle n'a plus toute sa tête. En quelques épisodes, elle devient paranoïaque, et pense que Jon, son amant (et neveu, c'est une longue histoire), pourrait bien lui voler le trône. Lorsqu'elle réussit enfin à prendre Port-Réal, le siège du pouvoir, et que l'armée ennemie se rend, Daenerys, enragée, décide subitement de réduire la ville en cendres et de brûler vifs des milliers d'innocents. Alors que ce tournant aurait pu être subversif, il apparaît finalement comme un trope sexiste : voilà encore une femme irrationnelle, inapte à gouverner car elle n'a pas su maîtriser ses émotions. Faire de l'héroïne inspirante une hystéro terrifiante, pourquoi pas. Mais on aurait préféré que ce revirement ait un peu plus de relief.

Amy Jellicoe (*Enlightened*)

Enlightened s'ouvre sur un son : celui des sanglots d'Amy Jellicoe, planquée dans les toilettes de son entreprise, assise sur une cuvette et gémissant bruyamment. Son visage est tordu de désespoir, ses yeux baignés de larmes, ses joues couvertes de traces de mascara (la marque de fabrique des folles furieuses). L'image est si grotesque qu'on pourrait la qualifier de caricature nocive, pourtant, entre les mains expertes des cocréateurs Mike White et Laura Dern (qui joue le rôle principal), la scène est plutôt réjouissante. Parce que, bon, soyons honnêtes : péter une durite dans les toilettes du bureau, ça peut arriver.

Dans le pilote, on assiste donc au craquage colossal de cette cadre d'entreprise, injustement placardisée après avoir été larguée par son patron. Après sa crise de larmes, Amy se rue vers le bureau de son ex, enragée et décidée à en découdre, malgré les avertissements de son assistante : « Amy ! Tu as l'air d'une folle… » Lorsque l'employée croise enfin l'homme à l'origine de ses souffrances, celui-ci tente de l'éviter en s'engouffrant dans un ascenseur. Mais Amy, plus hystérique que jamais, parvient à rouvrir les portes de l'ascenseur à mains nues et laisse échapper un cri strident : « JE VAIS TE TUER ESPÈCE DE FILS DE PUTE ! »

On retrouve notre héroïne apaisée, quelques mois plus tard, après une retraite de bien-être à Hawaï qui semble lui avoir donné une nouvelle perspective sur sa vie. Convertie à la méditation, affublée de chemisiers fantaisie à dentelle et de grigris *new age*, Amy a décidé d'être une nouvelle personne, plus positive et plus sereine. Mais ce n'est qu'une accalmie de façade, et son chemin vers la paix intérieure va s'avérer compliqué. Hébergée chez sa mère, elle revient bosser pour la même entreprise, où elle se retrouve reléguée au sous-sol, avec les autres rejets de la boîte. Plutôt que de s'intégrer, la jeune femme se plaint d'avoir été collée avec des « bêtes de foire », sans s'apercevoir qu'elle en fait désormais partie.

Lorsqu'elle remonte à la surface, tous les anciens collègues d'Amy la traitent comme une pestiférée : « elle est givrée », « elle a perdu la boule », murmure-t-on sur son passage. Et quand elle essaie de confronter Damon, son ex-patron, ce dernier l'humilie une nouvelle fois et lui dit qu'elle est « une erreur. Une putain d'erreur monumentale ». Malgré tous ses efforts pour rester zen, Amy perd à nouveau le contrôle et laisse exploser toute sa fureur. Elle cédera à d'autres accès de rage incontrôlables au fil de la série, rappelant qu'il y a un monde entre l'intention de changer et le véritable changement, entre le fait de savoir qu'on a un problème et parvenir à le régler.

Durant deux courtes saisons diffusées sur HBO, *Enlightened*, dramédie loufoque, va s'attarder sur l'éveil spirituel titubant d'Amy, qui se reconstruit après avoir tout perdu. Mike White, le cocréateur de la série (également à l'origine de *The White Lotus*), s'est inspiré de sa propre dépression nerveuse en plein tournage et de sa découverte de la méditation. Il dresse une excellente satire de la culture californienne du « bien-être » : son héroïne est devenue une caricature de la baba cool irritante, qui prétend avoir toutes les réponses et qui, l'œil humide, raconte à son ex-mari qu'elle a eu une révélation en dialoguant avec une tortue de mer.

Incarnée avec précision par la toujours impeccable Laura Dern, Amy est un personnage féminin extrêmement gênant qui, aveuglé par sa quête du bonheur, va toujours trop loin. Son égoïsme, sa vulnérabilité et ses angoisses sont tellement à vif qu'ils en deviennent presque repoussants. Et c'est ce qui la rend si surprenante, dans un paysage télévisuel où les tarées sont surtout une source d'humour ou d'horreur. Au lieu d'en faire une timbrée sans relief, Mike White et Laura Dern la traitent avec sérieux et empathie. Malgré l'humour *cringe* très présent, *Enlightened* n'abandonne jamais sa sincérité et, derrière le comportement souvent dingo de notre héroïne, on devine toute sa douleur et sa volonté de réparer les relations qui lui sont chères, notamment avec sa mère ou son ex-mari toxicomane.

En revoyant ces épisodes quelque dix ans après leur diffusion, on réalise le long chemin parcouru dans la pop culture – et dans la société. Si le burn-out et l'importance de la santé mentale sont aujourd'hui dans toutes les têtes, une représentation franche de ces sujets était encore novatrice en 2011. Malheureusement, la série était tellement précurseuse qu'elle n'est pas parvenue à trouver son public : elle a été annulée au bout de deux saisons et une succession d'audiences désastreuses. Aujourd'hui, son impact est pourtant immense, et des personnages comme BoJack Horseman, Hannah Horvath, Gretchen Cutler (*You're the Worst*) ou encore Rebecca Bunch doivent beaucoup à Amy Jellicoe.

Rebecca Bunch (*Crazy Ex-Girlfriend*)

Rebecca Bunch est la seule anti-héroïne de ce livre dont le cliché sexiste consacré est aussi le titre de la série. Incarnée par Rachel Bloom, cette avocate brillante, installée à New York, se transforme effectivement en « ex tarée » lorsqu'elle croise un ancien amour de colo, Josh Chan, et décide d'emménager dans sa ville en espérant se rapprocher de lui. Dès les premiers épisodes, Rebecca se comporte de manière instable et irrationnelle, traque Josh partout et tente de le séduire par tous les moyens, alors même qu'il est en couple et semble ne rien ressentir pour elle. *Crazy Ex-Girlfriend* tire de cette situation un riche terreau comique, notamment grâce à ses chansons parodiques (il s'agit d'une série musicale), qui nous donnent un aperçu de l'état d'esprit de Rebecca et déconstruisent au passage de nombreux clichés de la pop culture – parmi lesquels l'obsession amoureuse, considérée comme romantique, mais en fait très flippante.

Dans cette discographie satirique, on trouve aussi des morceaux caustiques sur les contradictions du féminisme moderne (*Women gotta stick together*, « Les femmes doivent s'entraider »), le manque d'assurance (*I have friends*, « J'ai des amis ») ou encore la haine de soi, avec l'incontournable *You stupid bitch*, ballade de diva dans laquelle l'héroïne se couvre d'insultes et se reproche d'avoir tout gâché. Mais pendant presque trois de ses quatre saisons, la série est essentiellement centrée sur les rebondissements amoureux de Rebecca. Même les titres des épisodes, qui contiennent tous le nom de Josh, reflètent son obsession dévorante jusqu'à la moitié de la saison 3, où deux volets opèrent un tournant majeur : « Je ne veux plus jamais revoir Josh », suivi de « Josh est hors sujet ».

Dans le premier, Rebecca se réfugie chez sa mère (avec qui elle entretient une relation houleuse) après avoir touché le fond. La jeune femme semble se remettre sur pied, mais pendant qu'elle dort, sa mère consulte son historique internet et tombe sur un article intitulé « Les neuf façons les moins douloureuses de se tuer ». Notre cœur se serre. À la fin de l'épisode, Rebecca fait une tentative de suicide. C'est un moment sombre et profondément choquant, un coup de massue dans une série incisive, mais jusqu'ici solaire et toujours drôle. Pourtant, il suffisait de prêter attention aux indices. Dans le premier épisode, Rebecca se débarrasse de cachets qu'elle est censée prendre, même si l'on ne sait pas à quel traitement ils correspondent. Ses sautes d'humeur, ses angoisses et son impulsivité ont toujours fait partie intégrante de la série. Mais *Crazy Ex-Girlfriend* a avancé masquée pendant près de trois saisons, avant de révéler que son vrai sujet n'était pas l'amour, mais la santé mentale.

Dans l'épisode suivant, Rebecca se réveille à l'hôpital, apprend qu'elle a été mal diagnostiquée toute sa vie, et qu'elle souffre en fait d'un trouble de la personnalité borderline, ce qui permet d'expliquer son anxiété, son instabilité émotionnelle, et ses comportements d'« ex tarée ». Ce moment donne lieu à la chanson la plus importante de toute la série, intitulée *A diagnosis*. Euphorique, vêtue d'une robe jaune citron et accompagnée de cordes glorieuses, Rebecca chante son soulagement et son excitation à l'idée de savoir enfin ce qui cloche chez elle : « Doc, prescrivez-moi ma tribu / Donnez-moi mon clan / Dites-moi que j'avais ma place / Avec d'autres gens qui partagent mon diagnostic. »

Au lieu de présenter le diagnostic psychiatrique comme une marque d'infamie, la série le montre comme une bouée de sauvetage à laquelle notre héroïne, perdue depuis des années, peut enfin se raccrocher. Toujours avec l'humour qui caractérise la série, évidemment : « La naturopathe m'a parlé d'addiction au sexe / Mais je savais que ce n'était pas moi / Oui j'aime les pénis / Mais qui n'aime pas ça ? » Le moment est drôle, mais aussi bouleversant : un diagnostic correct, c'est l'explication logique que Rebecca n'espérait plus, un sentiment d'appartenance alors qu'elle se sentait terriblement seule, et la preuve qu'elle n'est pas juste « folle ». C'est aussi une lueur d'espoir, la promesse d'un traitement adapté et d'une vie meilleure.

Bien sûr, tout n'est pas si simple, et ce qui rend la série véritablement admirable, c'est ce qui vient après. Loin de considérer le diagnostic comme un happy ending, *Crazy Ex-Girlfriend* s'attèle à montrer le long processus qui attend Rebecca, les années de thérapie et de travail sur soi. La solution miracle dont elle rêve n'existe pas et, malgré tous les efforts de notre héroïne, son chemin sera parsemé de rechutes. Une représentation réaliste qui rend la série plus difficile à regarder, tellement la fiction nous a habitués aux arcs narratifs triomphants et aux solutions simples.

Crazy Ex-Girlfriend aurait pu s'arrêter là, et déjà faire partie des séries les plus révolutionnaires du XXIe siècle, ayant réussi comme aucune autre à complexifier la représentation de la santé mentale et l'éloigner des clichés, avec une héroïne qui, comme l'entonne le générique de la saison 4, « est trop dure à résumer » et « n'a pas vraiment de thème central ». Mais la série a encore un tour dans son sac. Toute la saison finale joue sur la tension autour d'un carré amoureux, entre Rebecca et ses trois prétendants. Qui finira-t-elle par choisir : Josh, Nathaniel ou Greg ? Dans le dernier épisode, l'héroïne rassemble tous ses proches dans un bar pour leur annoncer « la décision la plus importante de sa vie ». Sauf que Rebecca, qui n'a sélectionné aucun des trois prétendants, vient secouer les attentes des fans (et des autres personnages) qui avaient tous déjà choisi leur team (ici, on est pour Nathaniel forever).

Dans un moment très méta, la série révèle que les numéros musicaux de Rebecca étaient en fait des projections qui l'aidaient à traverser des moments importants ou douloureux. Comprenant qu'avant de trouver un petit ami elle doit surtout se trouver elle-même (« *Meet Rebecca* », dit le générique), la jeune femme se rend compte que sa vraie passion, ce sont les comédies musicales. Son véritable amour, c'est la création, qui lui a permis, depuis des années, d'expier ses moments de désespoir ou de folie et de les transformer en quelque chose de beau.

L'épisode s'achève sur un discours de Rebecca, qui déclare son amour à tous ses proches, et se dit enfin prête, peut-être, pour « l'autre type d'amour. Mais qui que ce soit, ça ne sera pas "finir avec quelqu'un". Parce que l'amour romantique n'est pas une fin. […] C'est juste une partie de l'histoire. » Et sur ce, la série s'arrête, alors que Rebecca s'apprête à jouer une chanson qu'elle a composée. Cette fin inspirante garde encore aujourd'hui toute sa puissance et reste une rareté dans le paysage audiovisuel, où bien d'autres séries féministes comme *Insecure* ou *Sex and the City* ont choisi une voie plus conventionnelle centrée sur le couple et le mariage.

Les coincées

Dans son livre *Les Apparences*, paru en 2012 et adapté par David Fincher dans le film *Gone Girl*, l'autrice Gillian Flynn a cristallisé un archétype que l'on connaissait déjà toutes: celui de la *cool girl*[1]. Mais si, vous savez! La cool girl, c'est une fille qui ne se prend jamais la tête. Elle est mince, mais ne compte pas les calories, elle est belle, mais ne semble se préoccuper ni de sa coiffure ni de son look. Elle ne se vexe jamais, est toujours partante pour s'amuser et s'intègre aisément dans des groupes de mecs (dont la moitié sont amoureux d'elle, même s'ils refusent, bien entendu, de l'admettre). Dans son roman, Gillian Flynn écrit ainsi: «Pour les hommes, c'est toujours le compliment qui

1. Ce concept a fait l'objet d'un article passionnant d'Anne Helen Petersen : « Jennifer Lawrence et le mythe de la fille cool », traduit par Nora Bouazzouni, BuzzFeed, 2014.

nous définit, non ? “C’est une fille cool.” Être la fille cool, ça signifie que je suis belle, intelligente, drôle, que j’adore le football américain, le poker, les blagues salaces et les concours de rots, que je joue aux jeux vidéo, que je bois de la bière bon marché, que j’aime les plans à trois et la sodomie, et que je me fourre dans la bouche des hot-dogs et des hamburgers comme si c’était le plus grand gang-bang culinaire du monde, tout en continuant à m’habiller en 36, parce que les filles cool, avant toute chose, sont sexy. »

Les femmes de ce chapitre sont à l’opposé de la cool girl. Ce sont des vortex à fun, incapables de se détendre ou de « laisser couler ». Elles se prennent tout le temps la tête. Passent des heures à soigner leur apparence. Surveillent leur alimentation. Elles obéissent à toutes les règles, respectent les normes genrées, font le ménage, mangent des amandes comme « petit encas », se coiffent bien, ne tombent jamais dans la vulgarité, soutiennent leur mari coûte que coûte… Elles font ce que leur mère, la société et les magazines féminins leur ont toujours dit de faire, et pourtant, elles soûlent tout le monde. Elles sont méprisées par les hommes pour leur sexualité trop prude et leur rigidité étouffante, et par les femmes pour leur antiféminisme et leur perfection asphyxiante. Les coincées sont la preuve qu’on ne peut jamais gagner.

Dans la fiction, elles sont souvent construites en miroir d’autres personnages féminins beaucoup plus détendus et cool qu'elles : dans *Gossip Girl*, Blair Waldorf est coincée, Serena Van Der Woodsen est fun. Donna Clark, l'ambitieuse informaticienne de *Halt and Catch Fire*, passe son temps à pester contre l'impulsivité de la très créative Cameron Howe (et à lui envier sa spontanéité). La reine Elizabeth fait vieille fille face à sa sœur moderne et pétillante, la princesse Margaret, dans *The Crown*. Dans *Grace and Frankie*, Grace est BCBG alors que Frankie fume des joints, Marnie est l'anti-Jessa dans *Girls*, tout comme Annie est l'anti-Britta dans *Community*.

À l'instar de Paris Geller dans *Gilmore Girls*, elles sont stridentes, intenses, épuisantes, et leur besoin maladif de tout contrôler masque le plus souvent de grandes angoisses, que personne ne veut vraiment prendre au sérieux. Mais leurs défauts ne sont en fait que l'expression de la pression exercée sur les femmes pour être de parfaites épouses, de parfaites mères, de parfaites aidantes et éducatrices. Le comble étant bien sûr qu'on leur reproche de tenter de se conformer à cet idéal.

Diane Chambers (*Cheers*)

Diffusée entre 1982 et 1993, l'excellente sitcom américaine *Cheers* a servi de modèle à une multitude de séries télé cultes. Plus de vingt ans avant *It's Always*

Sunny in Philadelphia, *Cheers* suivait le quotidien d'un bar populaire de Boston, tenu par Sam Malone, ancienne star de baseball et coureur de jupons invétéré incarné par Ted Danson. La romance intermittente entre Sam et Diane (Shelley Long), qui a duré cinq saisons, est à l'origine du concept de « *will they won't they* », désignant les couples de séries qui se tournent autour pendant des années. Quant à Diane, son héritage le plus clair se trouve dans le personnage de Rachel Green, qui, dans *Friends*, devient serveuse dans un café après avoir abandonné devant l'autel son riche fiancé.

Dans le pilote de *Cheers*, Diane est une jolie bourgeoise sur le point de se marier avec un professeur d'université, dont elle doit également devenir l'assistante à la rentrée. Mais après avoir fêté leurs fiançailles au bar Cheers, le goujat l'abandonne, et la jeune blonde sans qualifications, qui n'a plus ni fiancé ni promesse d'emploi, accepte à contrecœur un poste de serveuse. Diane, qui avait été élue « celle qui a le plus de chances d'épouser un héritier » au lycée, se retrouve en total décalage avec cet environnement populaire. Toujours affublée d'un collier de perles et de chemisiers en soie, gilets en cachemire et jupes sous le genou, la jeune femme se met à servir et côtoyer les habitués qui viennent tous les soirs descendre des pintes de bière ou regarder un match. Une affection réciproque se développe entre cette « aspirante poétesse » et ses nouveaux camarades aux forts accents bostoniens, même si elle subit, jusqu'à son départ dans la saison 5, leurs quolibets incessants.

Car Diane n'est pas seulement coincée (son idée des mots cochons, c'est « $E = mc^2$ ») et déconnectée de la réalité, elle est aussi et surtout très, très prétentieuse. Issue d'un milieu WASP rigide, elle est extrêmement snob, emploie rarement des mots de moins de cinq syllabes et ponctue ses phrases d'expressions françaises que personne ne comprend. Persuadée d'être un esprit brillant, elle aime tellement s'écouter parler que lorsque Sam la demande en mariage, elle se met à discourir sans interruption : « On n'est jamais entièrement préparé pour une telle question. Oh Sam, je suis tellement touchée. Soudainement, je me sens étourdie, craintive, euphorique, soulagée… Je ne sais que dire ! » « Pas de problème, de toute façon je n'écoutais plus », lui répond Sam.

Comme Monica Geller dans *Friends*, Diane est très compétitive, a tendance à vouloir contrôler tout le monde et a souffert de TOC (« Avant de me faire aider, j'avais une obsession compulsive pour la propreté. Mais maintenant, admirez un peu mon attitude libérale concernant mon tablier ! »). Après une douloureuse rupture, elle ira passer quelques mois dans un sanatorium, un endroit pour les gens « qui ont besoin d'un peu de temps pour se reposer et régler leurs problèmes sous constante supervision psychiatrique». Et même si, dans la série, ses TOC (ou son bégaiement) ne s'expriment plus aussi souvent, son besoin de tout régenter et de corriger les autres reste omniprésent. Comme le remarque Sam : « Elle n'a jamais fait quoi que ce soit sans avoir besoin d'y réfléchir avant. Elle analyse tout. Si vous alliez la voir maintenant en lui disant : "Je peux vous offrir un million de dollars ?", elle répondrait : "Non non non non non. C'est *puis-je* vous offrir un million de dollars ?" »

Cette prétention guindée ne cesse de lui causer des ennuis, que ce soit avec Carla, la serveuse italienne brute de décoffrage incarnée par Rhea Perlman, qui ne la supporte pas… ou Sam, qui n'est jamais assez bien pour elle. Attirée par le charme irrésistible du tenancier, elle ne peut s'empêcher de vouloir le changer pour le rendre plus *posh* et plus cultivé, ce qui mènera à de nombreuses disputes et séparations : « Tu me dis toujours ce que je dois faire, ce que je dois apprécier, quelle fourchette utiliser pour la soupe… Je sais, je sais, on n'utilise pas de fourchette pour la soupe, ma langue a fourché, je t'en supplie ne me rappelle pas qu'on n'utilise pas de fourchette pour la soupe !!! »

Au fond, Diane est un peu la version féminine de Giles dans *Buffy contre les vampires*. Maniérée, académique et un peu vieillotte, elle est aussi profondément attachante. Et c'est son esprit vif et sa suffisance qui font d'elle l'autrice de certaines des meilleures répliques de *Cheers*, surtout quand elle rabaisse Sam lors de leurs délicieuses chamailleries : « Sam, je suis très impressionnée. C'est un concept psychologique complexe pour un homme qui a besoin d'écrire "G" et "D" au fond de ses chaussures. » Ou encore : « Sam, si l'intelligence était de l'argent, tu devrais prendre un crédit pour une tasse de café. » Si la jeune femme n'arrivera jamais à s'adapter à son nouveau milieu (elle part dans la saison 5 pour devenir écrivaine), son personnage de snob « attachiante » a laissé une empreinte durable dans la pop culture américaine.

Bree Van de Kamp
(*Desperate Housewives*)

Existe-t-il un personnage moins cool que la mère au foyer ? Antithèse de la femme libérée, elle coche toutes les cases d'un idéal féminin désuet, au service de son mari et de sa progéniture, engoncée dans un rôle défini par la tradition et l'abnégation. Cette icône du consumérisme occidental des Trente Glorieuses est devenue une figure incontournable de la pop culture, des épouses-robots des *Femmes de Stepford* à la banlieusarde en détresse des *Noces rebelles*. Du côté des séries, aucune ne s'est autant évertuée à déconstruire ce mythe que *Desperate Housewives*, qui promet, dès son titre, de nous plonger dans le quotidien de femmes au foyer désespérées. Si ses quatre héroïnes méritent cette étiquette, une seule d'entre elles en est la pure incarnation : Bree Van de Kamp (Marcia Cross), effigie de la ménagère bourgeoise nord-américaine qui consacre sa vie à un idéal jamais vraiment satisfaisant.

Bree a une ambition : être la femme parfaite. Et être la femme parfaite, selon les critères de cette membre du Parti républicain, cela veut avant tout dire être une épouse, une mère et une voisine irréprochable. Bree est toujours impeccablement habillée, sa maison est immaculée, sa pelouse précisément taillée, ses gâteaux parfaits et elle préférerait mourir plutôt que de servir un plat en conserve au dîner. Obsédée par le qu'en-dira-t-on, elle contrôle le moindre détail de son environnement, mais aussi ses émotions, pour maintenir son statut de femme au foyer modèle. Et ce, jusqu'à la névrose. Alors qu'elle suit une thérapie de couple, elle est incapable de se concentrer sur les échanges avec son psy, trop préoccupée par un bouton qui menace de tomber de la veste du praticien. Et quand son mari fait une crise cardiaque à la fin de la première saison, elle prend le temps de faire son lit avant de le conduire à l'hôpital, parce qu'elle « ne quitte jamais la maison avec un lit défait ».

Ce carcan qu'elle s'impose a au moins le mérite d'en faire la femme la plus admirée et respectée de Wisteria Lane, rue de banlieue proprette et théâtre des intrigues de la série. Mais si tout le quartier admire Bree pour ses prouesses derrière les fourneaux, sa famille, pour laquelle elle trime jour et nuit, ne peut plus la supporter. Ses enfants rêvent de manger des pizzas surgelées plutôt que l'osso bucco qu'elle a mis trois heures à préparer, et son mari, Rex, lui annonce au début de la série qu'il compte divorcer. « Je ne peux plus vivre dans cette pub pour de la lessive, lui lance-t-il. Je n'en peux plus que tu sois parfaite tout le temps. Je n'en peux plus de tes cheveux toujours étrangement figés. [...] Tu es cette figure de cire de la mère au foyer banlieusarde avec ses perles et sa spatule qui sort des trucs comme "On doit un dîner aux Henderson !". Où est la femme dont je suis tombé amoureux ? Celle qui brûlait les toasts et buvait le lait au goulot ? Celle qui riait ? J'ai besoin d'elle. Pas de cette chose froide et parfaite que tu es devenue. »

Cette chose froide, parfaite, et par moment terrifiante, que décrit son mari, Bree l'est devenue à force de vouloir incarner l'idéal inatteignable qu'on lui a fixé. En une scène, *Desperate Housewives* souligne ainsi l'une des plus grosses arnaques dont sont victimes les femmes : encouragées depuis l'enfance à être douces, polies, serviables et modestes, elles se devraient aussi d'être spontanées, chaleureuses et pleines de personnalité sous peine de se voir qualifiées de coincées. La demande de divorce de Rex vient craqueler l'extérieur policé de la mère au foyer. Car loin d'être froide, Bree est surtout maîtresse dans l'art de masquer ses émotions et de vivre pour le regard des autres plutôt que pour son épanouissement personnel. Certes, elle ne pleure pas en public à la mort de son mari et a du mal à supporter les sanglots de sa belle-mère (« Phyllis, n'avez-vous pas peur de vous déshydrater ? Même les Italiens font des breaks de temps en temps ! »), mais son désarroi est bien réel. Elle le masque grâce à l'alcool, enchaînant les verres de Chardonnay tout en refusant d'admettre qu'elle a un problème.

Au fil des saisons, Bree va apprendre à vivre pour elle-même. Un cheminement qui passe d'abord par sa sexualité. Après la mort de Rex, elle rencontre Orson Hodge, un dentiste tout aussi psychorigide qu'elle. Alors qu'ils avaient décidé de ne pas coucher ensemble avant le mariage, elle finit par lui sauter dessus quand il lui explique comment il nettoie les verres pour éviter toute trace de calcaire. Lorsqu'ils passent enfin à l'acte, Orson se lance dans un cunnilingus, choquant Bree (« Je ne fais pas ce genre de choses, je suis une Républicaine ! »), qui finit tout de même par se laisser faire. À plus de quarante ans, elle connaît alors son premier orgasme et est tellement surprise qu'elle se rue aux urgences pour comprendre ce qui lui arrive. Quand Orson finit par se montrer jaloux après plusieurs années de mariage, elle entame une liaison avec Karl Mayer, son avocat charismatique. D'abord réticente à l'idée de se lancer dans une relation extra-conjugale, elle finit par céder quand ce dernier lui lance : « Tu es une fille sage qui ne brise aucune règle même si ça la rend très malheureuse. Je pensais qu'une petite dose de Karl égaierait ta journée. Mais je ne peux pas faire grand-chose pour quelqu'un qui préfère être sage plutôt qu'heureuse. »

Au fond, loin d'être sage, Bree est définie dès le début par sa force de caractère. Un prétendant la harcèle en chantant sous ses fenêtres alors qu'elle reçoit des gens à dîner ? Qu'à cela ne tienne ! L'hôtesse s'excuse auprès de ses invités, récupère sa carabine et se met à tirer sur la camionnette du harceleur. Son fils refuse d'assumer les conséquences de ses actes ? Elle plante de la drogue dans son casier pour le faire virer de l'équipe de natation et enfin le mettre face à ses responsabilités. Cette détermination, longtemps appliquée à son rôle de mère au foyer, Bree finit par l'utiliser à des fins plus personnelles (et rentables) en se lançant dans une carrière de traiteur, puis en écrivant des livres de recettes à succès. La ménagère n'abandonne pas pour autant ses valeurs conservatrices et reste jusqu'au bout une *pitbull with lipstick*, comme avait été surnommée

Sarah Palin, qui partage les opinions politiques de la rousse de Wisteria Lane et son amour pour les armes à feu. D'ailleurs, Bree finira elle-même par se lancer dans une carrière politique pour les Républicains du Kentucky (un développement narratif qui serait bien plus difficile à assumer dans une Amérique post-Trump). Car si la façade lisse de l'ex-femme au foyer s'est craquelée au fil des années, elle n'a jamais cédé. Le plus gros problème de Bree Van de Kamp au début de la série était peut-être que son mari et ses enfants ne savaient pas l'apprécier pour ce qu'elle était. Malgré son parcours chaotique, loin de la perfection dont elle rêvait, elle parvient toujours à rester calme et digne, et c'est bien cette constance qui lui permet de devenir une femme accomplie, pour elle-même et selon ses propres codes.

Charlotte York Goldenblatt (*Sex and the City*)

À une époque où la représentation féminine à l'écran était encore tragiquement limitée, les quatre héroïnes très archétypales de *Sex and the City* ont offert un processus d'identification puissant aux millions de jeunes femmes qui suivaient la série (y compris les deux autrices de ce livre). Les cyniques étaient des Miranda, les fans de chaussures étaient des Carrie et les obsédées étaient des Samantha. Mais personne, absolument personne, ne voulait être Charlotte.

Charlotte (Kristin Davis), c'est la cucul du groupe, la coincée qui chuchote quand elle parle de sexe, n'aime pas la fellation et ne supporte pas que l'on prononce le mot *fuck* (« baiser »). Mal à l'aise pour parler de sexualité, elle n'a jamais osé regarder ses parties intimes, et aime les ébats « polis et respectueux ». Quand un de ses amants lui demande quels sont ses fantasmes, elle répond : « J'adorerais avoir ma propre galerie, et une petite maison dans le Maine. » Et dans une de ses premières scènes mémorables, la jeune femme panique parce que son petit ami lui dit qu'il souhaite tenter la sodomie : « Les hommes n'épousent pas Madame Dans-le-cul, déplore-t-elle. Moi, je veux des enfants et des draps soyeux. »

Charlotte n'est pas seulement vieux jeu, elle reprend aussi à son compte plusieurs clichés sexistes : selon elle, par exemple, toutes les femmes « ne demandent qu'à être sauvées » par le prince charmant. Lorsque Carrie couche le premier soir, Charlotte l'admoneste et lui dit que sa relation ne sera jamais rien de plus que du sexe. Quant à Samantha, la plus aventureuse du groupe, elle subit régulièrement le jugement, voire les insultes, de son amie. Beaucoup d'héroïnes citées dans ce livre revendiquent leur différence et brisent les codes traditionnels de la féminité. Charlotte, elle, les adopte religieusement. Obsédée par l'idée de se marier, et ce le plus tôt possible, la jeune femme fait tout pour se rendre attirante et inoffensive auprès des hommes. « Beaucoup d'hommes sont intimidés par les femmes qui réussissent et, pour avoir ces types-là, il faut la fermer et suivre les règles, affirme-t-elle. C'est pour ça que je suis locataire. Si je suis propriétaire et que je sors avec un mec qui loue, l'équilibre est renversé, c'est émasculant. Les hommes ne veulent pas être avec une femme qui les menace. »

Même en se conformant à toutes les règles les plus étriquées de la féminité sage et respectable, Charlotte fait face à de nombreuses déconvenues. Elle épouse l'homme parfait, Trey MacDougal, mais leur vie sexuelle est un désastre, ce dernier ayant des troubles de l'érection. Désemparée, la jeune femme va néanmoins démontrer sa ténacité, en se confrontant franchement au problème et en cherchant toutes sortes de solutions. Elle prouve d'ailleurs que, contrairement à Trey, elle n'est pas si coincée que ça. Après une énième dispute avec Samantha sur le sujet de la sexualité, elle brunche avec d'anciennes amies de la fac, avec qui elle est désormais en décalage : « Vous n'avez jamais envie de vous faire pilonner bien fort ? [...] Mince alors, j'ai juste vraiment envie de me faire baiser ! » Désespérée, elle finit par régler le problème en se tenant nue face à son mari et en se masturbant devant lui, alors que ce dernier l'idéalise à outrance et refuse de la sexualiser : « Je ne suis pas une madone, et je ne suis pas une putain. Je suis ta femme, je suis sexuelle, et je t'aime. » Dans les dernières saisons, elle gagne en maturité et abandonne finalement son idéal masculin rigide et très WASP pour épouser Harry Goldenblatt, un homme qu'elle trouve repoussant au premier abord, mais qui l'aime et lui fait prendre son pied.

Au fond, Charlotte n'est pas tant prude que traditionnelle. Éternelle optimiste, elle croit en l'amour, veut se marier et avoir des enfants – et si cela ne devrait en aucun cas être la seule option recommandée pour les femmes, cela ne devrait pas non plus être une tare. Si son personnage est injustement méprisé, c'est parce qu'elle cumule les traits de personnalité que l'on associe le plus typiquement à la féminité : le romantisme, le sentimentalisme, la douceur, la politesse. Alors que les valeurs viriles (la force, le pragmatisme et l'assurance) sont encore considérées comme supérieures.

L'hypersexualisation étant une constante dans la société, Charlotte est là pour rappeler que tout le monde n'a pas besoin d'être une déchaînée dans la chambre à coucher – car au final, « ne pas avoir froid aux yeux » est une pression comme les autres. Et puis, Charlotte ne doit pas être résumée à sa sexualité : c'est aussi une amie loyale, une femme qui sait toujours ce qu'elle veut et qui, dans l'adversité, ne se démonte jamais. Brillante galeriste, c'est souvent dans son métier qu'elle démontre toute son ouverture d'esprit, comme lorsqu'elle se transforme en drag king, ou pose nue pour un artiste qui se spécialise dans les portraits de minous. Alors, la prochaine fois qu'on vous compare à une Charlotte, prenez-le comme un compliment.

Monica Geller (*Friends*)

« Les règles, c'est super ! Les règles permettent de contrôler le fun ! » S'il fallait résumer Monica en une seule phrase, ce serait certainement celle-là, prononcée alors qu'elle a fait fuir ses amis à la fin d'un jeu de charades. Chez Monica, même le plaisir est réglementé.

Contrairement à Rachel, la fille canon et populaire, ou Phoebe, l'excentrique imperturbable qui vit mille aventures par épisode, Monica (Courteney Cox) n'est pas vraiment « fun ». Comme Charlotte York, c'est le genre de personnage auquel on n'aime pas être assimilé. Elle est rigide, maniaque, obsessionnelle et perfectionniste à l'extrême. Tandis que ses amies font souvent preuve de spontanéité et d'insouciance, Monica peut sembler ringarde en comparaison. La jeune New-Yorkaise a même son propre fuseau horaire : elle avance son réveil de six minutes pour ne jamais être en retard. Elle ne supporte pas que son compagnon,

Richard, fasse leur lit à sa place et, dès qu'il a le dos tourné, elle réarrange tout à sa convenance – car tout le monde le sait, l'étiquette de la couette doit se situer dans le coin inférieur droit du lit, et tout le reste n'est qu'hérésie. Toujours active, Monica ne sait pas vraiment lâcher du lest, préférant nettoyer, cuisiner, ranger. Même les jeux de société deviennent avec elle des compétitions jusqu'à la mort, et gare à ceux qui n'ont pas lu les règles. Quant aux tâches ménagères, elle en raffole sincèrement, et possède même un aspirateur à aspirateur. Et si elle se plaint parfois du manque de contribution de ses amis dans ce domaine, au fond, elle déteste déléguer et préfère que les choses soient faites à sa manière.

Cette obsession du contrôle joue souvent des tours à la jeune héroïne, et ne la rend pas toujours très sympathique. C'est la reine de la prise de tête, et elle peut se montrer tellement terrifiante que Phoebe, son ancienne coloc, a passé des semaines à lui cacher qu'elle avait déménagé pour ne pas la contrarier. Dans les premières saisons, alors que Rachel emménage chez elle, Monica rechigne à la laisser investir les lieux et casse la lampe de sa nouvelle colocataire, estimant qu'elle gâche la déco du salon. Lorsqu'elle se retrouve à organiser le mariage de Phoebe, elle transforme complètement l'événement, jusqu'à faire craquer son amie qui espérait quelque chose de plus simple et moins guindé. Mais on ne peut s'empêcher de compatir avec Monica, qui essuie souvent les railleries de ses amis à force de tout sur-penser.

Prenons l'épisode « Celui qui rate son week-end », où elle part pour la première fois en week-end en amoureux avec Chandler. Pendant plusieurs jours, la jeune femme est incapable de se détendre, trop stressée par cette première sortie de couple. Un verre sale, une vue non conforme... rien ne semble lui convenir. Mais le pire, c'est l'indifférence agacée de Chandler, qui ne pense qu'à regarder la télé et ne comprend pas pourquoi Monica ne peut pas être un peu plus relax. Alors qu'ils traversent leur toute première dispute de couple, Chandler lui assène la pire remarque possible : « Oh là là, détends-toi maman ! » Une claque verbale pour celle qui espérait juste passer « un week-end parfait », et se retrouve accusée de tout gâcher.

L'ingratitude des autres « friends » est particulièrement frappante dans les épisodes de Thanksgiving, où le repas traditionnel est toujours organisé et préparé par Monica. Dans la première saison, elle se met une pression énorme et tente de reproduire trois recettes de pommes de terre différentes à la demande de ses amis. Lorsque tout le monde se retrouve accidentellement enfermé à l'extérieur de l'appartement, Rachel, qui vit avec elle, lui reproche de ne pas avoir gardé les clés. Monica s'énerve : « Pourquoi est-ce que *je* devrais avoir les clés ? Parce que je suis responsable de tout ? Ça ne suffit pas que je cuisine pour tout le monde ? Tout le monde veut une purée différente, alors je fais des purées différentes. Est-ce que quelqu'un s'est soucié de savoir quelle purée je voulais, moi ? Non ! » Lorsque ses amis parviennent enfin à ouvrir la porte, la jeune femme est terrassée par l'échec et la culpabilité : « C'est mon premier Thanksgiving, et j'ai tout brûlé ! »

Dans la dernière saison, la trentenaire est lassée par ses responsabilités d'hôtesse (on la comprend), mais se résout malgré tout à organiser un repas de Thanksgiving car ses amis insistent. Après avoir cuisiné toute la journée, elle est furieuse lorsque tout le monde arrive avec une heure de retard. Elle refuse de les laisser entrer, mais lorsque Joey se coince la tête dans l'embrasure de la porte, c'est elle qui lui verse de la graisse sur le cou pour l'aider à se libérer (oui, nous sommes dans *Friends*, la série où toutes les crises peuvent être facilement résolues par la nourriture). Malgré sa rigidité un peu pénible, le fait est que Monica est aussi, bien souvent, la figure maternelle du groupe, et celle qui lui permet de fonctionner. Sans son sens de l'organisation et son instinct maternel, les cinq autres seraient sans doute un peu perdus. Toutes celles qui ont déjà eu à materner, volontairement ou non, leurs amis, leur partenaire ou même leurs collègues, savent combien ce rôle peut être ingrat. Alors on tenait à remercier Monica, le personnage le plus fiable de *Friends*, pour avoir porté ses névroses fièrement et illustré la difficulté des responsabilités d'hôtesse. Et nous avoir rappelé qu'il n'y avait rien de mal à imposer des dessous de verres à nos invités.

Elizabeth II (*The Crown*)

Elizabeth II, incarnée par Claire Foy puis Olivia Colman dans la série de Peter Morgan, est un cas particulier dans ce livre (et dans la pop culture). Elle est inspirée d'une figure historique et politique réelle et, qui plus est, contemporaine. Loin de nous l'idée de nous prononcer sur la nature profonde et intime de la souveraine britannique, nous parlerons donc ici uniquement du personnage de *The Crown*. Elizabeth est, littéralement, la reine d'Angleterre : être snob et coincée fait quasiment partie de sa fiche de poste. Coiffure bouffante, tailleurs sévères, corgis et triple rang de perles… l'héroïne est l'image même du puritanisme et de l'austérité. Après tout, comment pourrait-il en être autrement quand on a grandi en faisant la révérence à ses parents ?

Elizabeth accède au trône à l'âge de vingt-cinq ans. Elle n'était pas destinée à être reine, mais l'abdication de son oncle, alors qu'elle n'avait que dix ans, l'a propulsée dans la ligne de succession directe. Dans *The Crown*, elle apparaît ainsi coincée dans un rôle dont elle ne voulait pas, et qui exige d'elle de ne jamais faire de vagues, de n'avoir aucune opinion, bref, selon ses propres dires, de « ne rien faire et rester silencieuse ». Son entourage le lui rappellera inlassablement : à Buckingham Palace, « l'individualité n'est pas chose à encourager ». Dès le moment où son père décède, Elizabeth, en tant que femme, n'existe plus. Seule la Couronne compte.

Sans grand charisme, de nature rigide, prude, et traditionnelle (dans ses vœux de mariage, elle insiste pour ajouter les mots « je promets de vous obéir »), Elizabeth est encore plus inhibée par son statut de reine. Plus les années passent, plus elle fait ce qu'on attendait d'elle : disparaître derrière sa fonction. Pourtant, cela ne semble pas satisfaire grand monde. Les journaux critiquent sa voix désagréable et son ton d'« écolière moralisatrice », et elle est perçue par son entourage, y compris ses propres enfants, comme un empêchement, s'attirant leur ressentiment permanent. Elle est diamétralement opposée à Philip, son mari farceur et indépendant, qui lui reproche souvent sa froideur et son manque de compassion, l'implorant de se comporter comme « une créature vivante qui a un cœur ». Le prince se sent « matronisé » et émasculé par le pouvoir de sa femme : « Vous m'avez pris ma carrière, ma maison, mon nom. »

La série développe également la rivalité teintée d'amertume entre Elizabeth et sa charismatique sœur, Margaret, qui rêve d'être au centre de toutes les attentions et pense qu'elle aurait fait une meilleure souveraine que son aînée « dénuée de caractère ». Or c'est précisément la personnalité banale d'Elizabeth qui en fait une bonne reine, capable de survivre à un nombre incalculable de gouvernements, de guerres et de conflits politiques. Consciente que la monarchie peut basculer à tout moment, la reine porte tout le poids de la tradition sur ses épaules, et n'a pas d'autre choix que de rester une figure plate et consensuelle. Ce qui ne l'empêche pas, par moments, de regretter sa propre absence de glamour. Lorsqu'elle adopte pour la première fois sa mise en plis emblématique, Philip la raille : « Je croyais que vous comptiez faire d'autres enfants avec moi. » Lors d'une visite du couple présidentiel américain, elle nourrit un complexe face à Jackie Kennedy, qui la qualifie dans son dos de « femme d'âge mûr, ordinaire et inintelligente ». Et si la princesse Margaret lui envie sa couronne, elle possède une fraîcheur que la reine, malheureusement, n'aura jamais : « Elle est tout mon contraire : instinctive, spontanée, captivante. Je suis prévisible, sérieuse, fiable. Il serait agréable d'être captivante de temps en temps. » C'est toute la tragédie du personnage : elle a beau être la femme la plus connue au monde, seul son statut la rend remarquable.

Molly Carter (*Insecure*)

Contrairement à sa meilleure amie, Issa, Molly ne laisse rien au hasard. L'amitié entre les deux femmes est l'âme d'*Insecure* et leurs différences sont la plus grande source de conflits de la série. Alors que la première est en pleine errance professionnelle et sentimentale, et se laisse souvent porter par les événements, la seconde – interprétée par Yvonne Orji – est une obsédée du contrôle, aussi bien dans sa vie privée que dans sa carrière. « J'ai des objectifs de vie spécifiques et je pense que, si je bosse dur, je devrais les atteindre », explique-t-elle ainsi à sa psy.

Molly n'est pas cool. Ses standards sont élevés et la jeune femme n'a pas le luxe de l'insouciance. Elle a fait des études brillantes à Stanford, comme Issa, mais contrairement à sa meilleure amie, elle ne vient pas de la bourgeoisie noire américaine mais d'une famille relativement modeste. Seule avocate noire de son cabinet, Molly est ambitieuse et déterminée. Elle ne compte pas ses heures, ni les fois où elle doit subir les remarques gênantes de ses collègues blancs. Pour se faire une place dans ce milieu, la jeune femme est devenue une experte en *code switching* (« changement de codes »). Ce terme décrit la manière dont des personnes issues de groupes ethniques ou sociaux minoritaires changent leur façon de parler et de se comporter dans certains milieux. Dans un article du *New York Times* sur le troisième épisode de la saison 1 d'*Insecure*, la critique américaine Angelica Jade Bastién explique : « [En tant que femmes noires, nous nous rendons] compte très vite et très souvent que la manière dont nous nous comportons avec d'autres personnes noires n'est pas celle dont nous devrions nous comporter dans nos cercles professionnels. Nous neutralisons le langage saccadé, l'argot et l'humour mordant que nous utilisons avec nos amis. Nous adoptons un style que nos collègues blancs trouveront rassurant et non menaçant. Ce n'est pas un mensonge, c'est un moyen de survie. »

Quand Molly est au travail, son apparence est ainsi parfaitement maîtrisée et son vocabulaire différent de celui qu'elle utilise dans sa vie privée. Lorsqu'une nouvelle stagiaire noire arrive au cabinet et refuse justement d'appliquer le *code switching*, l'avocate la prend à part pour lui conseiller de se fondre un peu plus dans la masse. La jeune employée lui rétorque froidement qu'elle n'a jamais eu à changer son attitude jusqu'à maintenant et qu'elle ne compte pas s'y mettre. Si cette réponse inspire le respect, force est de constater que Molly perçoit son environnement avec plus de lucidité : quelque temps plus tard, l'une des dirigeantes du cabinet demandera ainsi à l'avocate de parler à la jeune stagiaire parce qu'elle « ne s'ajuste pas très bien à la culture du bureau ».

Son obsession de la réussite et du contrôle poursuit Molly jusque dans sa vie privée. La jeune femme est méthodique dans son recrutement de l'homme parfait. Présente sur plusieurs applications de rencontre, elle établit clairement ses critères dans son profil : « À la recherche d'un partenaire sérieux. Doit être accompli, sportif, avoir au moins un diplôme (deux de préférence), PAS D'ENFANTS. Si vous correspondez à cette description, swipez à gauche. » Dans ce domaine non plus, Molly ne se laisse pas le droit à l'erreur. Elle place sur chaque nouvelle rencontre une pression qui fait bien sûr fuir la plupart des hommes. Et quand, dans la saison 1, elle trouve enfin quelqu'un qui s'intéresse à elle et cherche une relation sérieuse, elle finit par le larguer parce qu'il n'a pas fait d'études et est bisexuel.

La vie sentimentale de Molly est le sujet de nombreuses blagues et commentaires de la part de ses amis. « Ses standards sont bien trop élevés », elle veut « tout contrôler et les hommes n'aiment pas ça », elle est « impossible à satisfaire ». Lors d'une période de tension entre les deux femmes, Issa lui lâche : « C'est comme si tu cherchais toujours un problème quelque part. Parfois je me demande, est-ce que tu veux être heureuse ? T'es pas fatiguée ? Parce que je suis fatiguée pour toi. » En effet, Molly est fatiguée. Fatiguée des relations qui ne marchent pas sans qu'elle comprenne pourquoi, fatiguée de tout donner sans pour autant accomplir ses objectifs aussi vite qu'elle le voudrait, fatiguée, aussi, que ses amies tournent tous ses problèmes en dérision.

Dans la saison 4, Molly connaît sa première relation longue et reste près d'un an avec Andrew, un homme défini par son flegme. Si cette histoire lui apprend à faire des compromis, les deux amants sont trop différents pour continuer ensemble. Quand Andrew décide de rompre, Molly, déconcertée et toujours inquiète de ne pas atteindre ses objectifs, l'interroge : « Mais alors on a investi tout ce temps pour rien ? »

Il faut attendre la dernière saison d'*Insecure* pour que Molly lâche enfin prise. Désormais épanouie dans un cabinet d'avocats afro-américains, elle prend le temps de se concentrer sur elle-même plutôt que sur sa *to-do list* imaginaire. Après des années de doutes et de déconvenues, la trentenaire trouve enfin un partenaire qui lui convient réellement : Taurean, un collègue avec qui elle entretenait jusque-là une forte rivalité professionnelle. Comme elle, Taurean est ambitieux, un poil coincé et redoutable au travail. Leur couple se forme naturellement, sans les questionnements qui hantaient ses précédentes relations. Et quand Molly lui confie qu'elle se trouve bête d'essayer de toujours tout bien faire, son futur compagnon lui répond : « Je comprends. »

Les pestes

Blair Waldorf n'a peut-être pas la force surhumaine de Buffy ni le lasso magique de Wonder Woman, mais elle a une arme tout aussi redoutable. Un superpouvoir typiquement féminin, transmis de génération en génération durant des siècles de domination masculine : Blair peut abattre n'importe quel ennemi avec sa verve. C'est cette faculté qui place les pestes parmi les grands méchants les plus terribles (et les plus fun) du petit écran.

Ces cousines des superficielles, qualifiées parfois de « garces » ou de « langues de pute », partagent plusieurs caractéristiques avec elles : elles sont populaires, jolies et maîtrisent avec aisance les codes traditionnels de la féminité. Elles n'utilisent jamais la force physique pour s'imposer et n'ont besoin d'aucune qualité masculine pour établir leur hégémonie. Figures incontournables des récits adolescents, ce sont les reines du lycée qui dominent leur petit monde grâce à leurs répliques cruelles et destructrices. C'est Cordelia, dans *Buffy contre les vampires*, qui parcourt les couloirs de Sunnydale High à la recherche de sa prochaine victime, plus menaçante que n'importe quel démon de la bouche de l'Enfer. C'est Madeline Mackenzie, la blonde de *Big Little Lies*, qui sort des phrases comme « j'adore mes petites rancunes, je m'occupe d'elles comme si c'étaient des animaux de compagnie ». C'est Vivian, la rivale d'Elle dans *La Revanche d'une blonde*, qui invite la Californienne à une fausse soirée déguisée pour l'humilier. C'est Regina George, une des Plastics de *Mean Girls*, qui catalogue toutes les rumeurs du lycée dans un cahier. Et c'est bien sûr Nellie Oleson, la peste originelle de *La Petite Maison dans la prairie*, que des générations de téléspectateurs ont adoré détester.

C'est l'une des clés du succès des pestes : elles attirent à la fois haine, crainte et fascination. Qui n'a pas connu dans sa scolarité une fille méchante et populaire qui exerçait ce dangereux pouvoir d'attraction ? Tout bon récit a besoin d'un antagoniste, et il n'y a pas antagoniste plus réjouissant à la télé que ces génies maléfiques en jupe.

Nellie Oleson
(*La Petite Maison dans la prairie*)

Quand nous avons dessiné le plan de ce livre, nous avons lancé un petit sondage informel sur les réseaux sociaux et auprès de nos proches pour leur demander quels étaient les personnages féminins de séries télé qu'ils avaient le plus détestés. Un nom est revenu une bonne dizaine de fois : Nellie Oleson. « C'était la peste par excellence », a résumé la mère de Marie, qui a suivi les aventures de la méchante de *La Petite Maison dans la prairie* dès la première diffusion de la série en France, à la fin des années 1970.

Le programme culte retrace le quotidien des Ingalls, une famille de pionniers dans le Minnesota de la fin du XIXe siècle. Il est adapté d'une série de livres, écrite par Laura Ingalls elle-même, dans laquelle celle-ci revient sur ses souvenirs d'enfance. Pour créer le personnage de Nellie, l'autrice s'est inspirée de trois filles qu'elle avait connues à l'époque, et qu'elle ne portait visiblement pas dans son cœur. Difficile, en effet, d'imaginer une figure plus détestable que l'ennemie jurée de la petite Laura.

Dès sa première scène, Nellie, incarnée par Alison Arngrim, donne le ton. Alors que Laura et sa sœur Mary arrivent pour leur premier jour à l'école, Nellie s'approche d'elles, les toise et lance : « Paysannes ! » Ce sera d'ailleurs le thème principal de ses attaques contre les sœurs tout au long de la série. La petite blonde est la fille de commerçants aisés de la ville qui lui passent tous ses caprices, tandis que la famille Ingalls vit modestement de son travail de la terre. Grâce à sa mère, qui lui a transmis sa cruauté et qui tient l'épicerie de Walnut Grove, Nellie est au courant des problèmes financiers de Charles Ingalls et les utilise pour humilier Laura. « Son père ne peut même pas trouver un travail décent, crache la petite fille. Tout ce qu'il fait, c'est creuser dans la boue et nettoyer après le passage des chevaux. » Un autre de ses classiques ? « Ton père sent le vieux cheval débile. »

Ces piques assassines n'auraient pas la même saveur si Nellie Oleson ne ressemblait pas, eh bien, à Nellie Oleson. Si l'on devait imaginer le portrait type de la peste dans la pop culture, elle lui ressemblerait trait pour trait – probablement parce qu'elle est le modèle originel qui a influencé toutes les autres. Nellie est blonde, et ses boucles anglaises, tenues par des nœuds en ruban, encadrent toujours parfaitement son visage. Ce dernier pourrait être joli, s'il n'affichait pas en permanence une mine fourbe et cruelle. Alors que Laura est l'image même du naturel sans prétention, Nellie dégouline d'une féminité crispante, jusque dans sa voix criarde. Son rapport aux filles Ingalls est, quant à lui, très clairement marqué par le type de rivalité et de jalousie que l'on attribue fréquemment aux femmes.

Comme souvent avec les pestes de la pop culture, ces traits de personnalité font de Nellie une incarnation caricaturale de la méchanceté féminine. Malgré ça (ou peut-être précisément pour cette raison), elle reste le personnage le plus divertissant de *La Petite Maison dans la prairie* : une peste nécessaire, et au fond inoffensive, qui bouscule un peu l'univers puritain et plein de bons sentiments de la série.

Cordelia Chase
(*Buffy contre les vampires*, *Angel*)

Tous les films et les séries d'adolescents ont leur lot d'archétypes. Il y a le *jock*, un mec populaire un peu neuneu, plus à l'aise avec un ballon de football qu'avec un livre. Le (ou la) *nerd*, qui peut hacker n'importe quel site internet mais perd ses moyens lors de toute interaction avec un autre être humain. Et puis, il y a la *mean girl*. Elle est belle, elle est riche, elle est populaire, mais surtout, elle est méchante. Dans *Buffy contre les vampires*, elle s'appelle Cordelia Chase. Dès sa première scène, Cordelia explique à Buffy, nouvelle venue au lycée de Sunnydale : « Si tu traînes avec moi et mon groupe, tu seras rapidement acceptée, mais bien sûr il faut d'abord qu'on détermine si tu es cool ou pas. » Très vite, elle estime que Buffy n'est malheureusement pas cool, puisqu'elle se lie d'amitié avec des geeks. (« Si tu veux t'intégrer, la première règle, c'est de savoir reconnaître les losers. »)

Buffy a beau combattre vampires et démons, sa plus grande antagoniste au début de la série est « Queen C », la reine du lycée qui se balade en permanence avec une clique de faire-valoir et rétorque à quiconque ose lui tenir tête : « Excuse-moi mais qui t'a donné la permission d'exister ? » Comme toute *mean girl* qui se respecte, elle a trois passions dans la vie : asseoir son hégémonie au lycée (« Être populaire n'est pas seulement mon droit, mais ma responsabilité ! »), dépenser l'argent de son père au centre commercial et trouver un mec mignon et riche, qui contribuera à son ascension sociale. Peu importe si Cordelia blesse et traumatise plusieurs personnes en essayant d'atteindre ses objectifs. La lycéenne est définie par son égoïsme, allant même jusqu'à se lamenter qu'une fille qu'elle a renversée avec sa voiture ose se plaindre : « C'était l'événement le plus traumatisant de ma vie et elle voulait qu'on se focalise sur sa jambe, comme si ma douleur n'avait aucune importance ! »

Bref, comme dirait Xander, Cordelia « est une bouffée d'air nauséabond ». Mais tout le propos de *Buffy contre les vampires* est de déconstruire les clichés : Buffy, la jeune et jolie blonde, n'est pas une proie ou une victime, mais une combattante redoutable. Les démons et les vampires ne sont pas forcément les ennemis les plus monstrueux de Sunnydale. Et la *mean girl* du lycée est bien plus intelligente, courageuse et sensible qu'il n'y paraît.

Dès la fin de la première saison, la série nous offre un épisode centré sur Cordelia. L'un après l'autre, ses proches sont victimes d'actes de violence perpétrés par une force surnaturelle, qui n'est autre qu'une ancienne élève de Sunnydale High devenue invisible après avoir subi le mépris de la reine du lycée et de sa clique pendant des années. Alors que Buffy l'aide à se débarrasser de la menace, Cordelia se confie à la tueuse : « Tu penses que je ne peux pas me sentir seule parce que je suis mignonne et populaire ? Je peux être entourée tout en étant complètement seule. C'est comme si aucun d'entre eux ne me connaissait vraiment. La plupart du temps, je ne sais même pas si les gens m'apprécient ou pas. Ils veulent juste être dans la zone de popularité. »

Au fil des épisodes, Cordelia s'éloigne de cette zone pour se rapprocher de Buffy et de ses amis, devenant peu à peu une figure incontournable du Scooby Gang. Auprès d'eux, elle voit son statut social s'effondrer au sein du lycée. Quand elle se met en couple avec Xander et devient la risée de ses anciennes amies, elle tente d'abord de retrouver l'estime des plus populaires avant de se rebeller pour de bon : « Je sors avec qui je veux, peu importe à quel point il est nase ! »

Car malgré son snobisme et ses remarques parfois blessantes, Cordelia a au moins le mérite d'être dénuée de toute hypocrisie. Lorsque Buffy obtient, le temps d'un épisode, le don de lire dans les pensées des autres, elle constate que Cordy est la seule qui dit tout haut exactement ce qu'elle pense. Et si elle est constamment définie par son égoïsme aux yeux des autres, la lycéenne prouve au fil du temps à quel point elle est courageuse et prête à se mettre en danger pour ses camarades, allant jusqu'à risquer sa vie à de nombreuses reprises. Malgré tous ses efforts, et malgré sa relation avec Xander, dont elle tombe vraiment amoureuse, Cordelia reste une outsider. Celle qui fait lever les yeux au ciel et que personne ne prend au sérieux. Celle qui, trompée par Xander, se trouve isolée du groupe dont elle n'était qu'une pièce rapportée.

Il faut attendre le départ du personnage pour Los Angeles dans la série *Angel* pour que Cordelia trouve enfin sa place et reçoive l'estime de ceux qui l'entourent. Mais à quel prix ? La jeune femme est désormais désargentée et consacre ses journées à combattre des démons auprès d'Angel et de son équipe. À en croire la série, ça n'est pas suffisant. Cordelia doit encore faire ses preuves et payer pour ses erreurs passées. Quand elle emménage enfin dans son propre appartement, elle est littéralement hantée par un fantôme qui lui dit qu'elle ne vaut rien et n'a pas d'amis. Quelques épisodes plus tard, elle voit son potentiel petit ami mourir sous ses yeux et hérite d'un pouvoir de voyance qui lui fait voir des crimes sur le point d'être commis. Cette nouvelle faculté lui cause de violentes douleurs et l'entraîne à l'hôpital, où elle meurt presque sous le poids de toutes les horreurs qu'elle voit. Pour survivre et supporter son pouvoir, elle doit finalement accepter de devenir à moitié démon.

La trajectoire de Cordelia a bien sûr quelque chose de remarquable : incarnation de la futilité et de l'égoïsme à son arrivée, elle devient l'un des personnages les plus puissants et les plus altruistes du Buffyverse. Mais avait-elle besoin de tant souffrir pour en arriver là ? Et était-elle vraiment bien plus égoïste qu'un Xander ou une Anya ? Si le parcours de Cordelia laisse un arrière-goût amer, c'est surtout en raison de la fin cruelle qui lui a été réservée. Transformée en grande méchante lors de la saison 4 d'*Angel* (on vous épargne les rebondissements absurdes qui ont mené à ce développement), elle couche avec le fils adolescent d'Angel, avant d'être plongée dans un coma dont elle ne se réveille qu'une saison plus tard pour faire des adieux vite expédiés. Charisma Carpenter, qui interprète Cordelia, est revenue sur les circonstances de ce départ gâché. Selon elle, Joss Whedon, le créateur de la série, qui a depuis été accusé de harcèlement moral par plusieurs acteurs, avait l'habitude de l'attaquer sur son poids et sur l'apprentissage de ses répliques, et aurait surtout très mal pris l'annonce de la grossesse de l'actrice. Le scénariste lui aurait reproché de vouloir « saboter la série » avant de finalement la « virer sans ménagement » après son accouchement. Une version des faits contestée par Joss Whedon. Quoi qu'il en soit, et comme les fans de la série le clament depuis des années : « Cordelia Chase méritait mieux. »

Dans une réalité alternative qu'on se plaît à imaginer, Cordelia a laissé tout vampire et démon derrière elle en quittant Sunnydale. Elle est partie étudier à Columbia, l'université new-yorkaise où elle avait été acceptée. Elle a trouvé un groupe d'amis qui l'estiment et apprécient son humour et son franc-parler. Elle n'a aucune vision horrible qui la tient éveillée, elle ne risque pas sa vie toutes les semaines pour exorciser son passé de *mean girl* et ne meurt pas dans sa vingtaine. Et si elle gagne bien sûr en maturité au fil des années, elle ne perd jamais son honnêteté et sa part rafraîchissante de superficialité.

Blair Waldorf (*Gossip Girl*)

Dans une série dont le thème principal est la cruauté, Blair Waldorf, incarnée par Leighton Meester, en est la meilleure ambassadrice. Invoquez le nom de cette peste emblématique du petit écran, et tout le monde aura la même image en tête : celle de l'adolescente hautaine, en serre-tête, chemisier de soie et chaussures vernies, perchée sur les marches du Met Museum et entourée de ses fidèles sous-fifres. C'est la Queen B, la reine de l'Upper East Side, la terreur du Manhattan mondain.

Il suffit de lire les synopsis des épisodes de *Gossip Girl* pour voir qu'il se passe rarement un volet sans que Blair « se venge » de quelqu'un, « manigance » quelque chose, ou « sabote » une relation ou un événement. L'étudiante new-yorkaise est richissime, snob, et irrémédiablement sournoise. Le genre de personne qui fait un croche-patte à son beau-père en plein milieu d'une patinoire, qui brise au moins un couple par saison et qui prévoit tous les quatre matins « l'anéantissement total » de quiconque se mettra en travers de son chemin. Blair a tout ce qu'elle veut (matériellement, en tout cas), et si elle passe son temps à manipuler et manigancer, c'est en partie parce qu'elle aime le pouvoir. C'est une *alpha bitch* en puissance, une Audrey Horne[1] sous amphètes

1. Jeune héroïne de *Twin Peaks* spécialiste des manigances et des tenues BCBG.

qui, derrière ses airs preppy, prend un malin plaisir à torturer et manipuler ses pairs.

Cette méchante chipie est celle qui met sans cesse des bâtons dans les roues de presque tous les autres personnages de la série : Serena, Nate, Dan, Vanessa, Chuck, et bien sûr Jenny. Blair fait rapidement de la jeune adolescente son souffre-douleur, la force à boire, la harcèle et l'humilie. Elle se montre aussi sexiste, n'hésitant pas à traiter plusieurs fois Serena de salope. Pourtant, Blair est, et a toujours été, adorée des fans. Déjà, parce qu'il s'agit d'un des personnages les mieux sapés de l'histoire de la télé, avec un impeccable sens du style (et le porte-monnaie qui va avec). Mais si on l'aime tant malgré ses comportements souvent abjects, c'est surtout parce qu'elle maîtrise à la perfection l'art de la manipulation, généralement perçu comme typiquement féminin – peut-être parce qu'il permet d'obtenir, sans violence, une once de pouvoir dans une société qui nous empêche d'en avoir. Quand on s'est souvent senties impuissantes ou sous-estimées, voir Blair commander, maîtriser et dominer son monde est jouissif.

Dans les premières saisons, Blair oscille entre protagoniste et antagoniste, alors que sa rivalité avec Serena occupe une grande partie de l'intrigue. Sa meilleure amie ou ennemie, selon les jours, est clairement l'héroïne de *Gossip Girl* : blonde, douce, sensible, généreuse. C'est une *cool girl*, celle dont tous les hommes tombent amoureux parce qu'elle est canon sans aucun effort, mange de la pizza et ne se prend jamais la tête. Blair est brune, mesquine, rigide, *constamment* en train de se prendre la tête. Elle travaille dur à son apparence et à son statut, et ça se voit, ce qui explique pourquoi l'aisance de Serena la met hors d'elle. Serena est celle que l'on admire, alors Blair sera celle que l'on craint.

Nombre de ses agissements ont beau être inexcusables, en revoyant la série aujourd'hui, on ne peut s'empêcher d'être touchées par son personnage. Si Blair semble prendre un malin plaisir à semer la zizanie partout où elle passe, la jeune peste se sent souvent enfermée dans ce rôle : « J'en ai marre d'avoir l'air de Dark Vador à côté de Barbie Rayon de soleil », se plaint-elle auprès de Serena. À un autre moment, elle lui demande : « Comment tu fais pour toujours t'en sortir ? » Serena, éternellement souriante et détendue, lui répond : « En étant gentille. Tu devrais essayer, vas-y, fais-moi un compliment sur mes cheveux ! » Incapable de ne pas se montrer critique, Blair rétorque avec sa moue caractéristique : « Mais tes cheveux ont l'air dégoûtants. Est-ce que tu t'es douchée au moins ? »

Beaucoup d'adolescentes de notre génération rêvaient d'être Serena, mais s'identifiaient aux fragilités de Blair. Car sa cruauté agit le plus souvent comme une carapace. Perfectionniste et de nature anxieuse, la jeune fille a longtemps souffert de troubles du comportement alimentaire et prend des anti-dépresseurs. Elle se sent rejetée par ses parents et, malgré ses notes irréprochables, a toujours le sentiment de ne pas en faire assez. Ses machinations incessantes, tout comme son apparence tirée à quatre épingles, expriment en fait un besoin pathologique de ne pas perdre le contrôle.

Ayant au départ une relation tendue avec sa mère, et meurtrie par le départ de son père (qui les a quittées pour se mettre en couple avec un homme), Blair a une peur chronique de l'abandon, et souffre de profondes insécurités. Elle a été trahie de nombreuses fois, que ce soit par son premier petit ami Nate, ou même par Chuck, avec qui elle finira mariée, mais qui n'a pas hésité à la prostituer auprès de son oncle en échange d'un hôtel de luxe (ah, les séries adolescentes ne sont vraiment plus ce qu'elles étaient). Abandonnée ou déçue par presque tous les gens qu'elle aime, la jeune femme s'est donc construit une solide armure, et accorde difficilement sa confiance. Mais c'est aussi ce qui la rend si admirable, car sa niaque et son opiniâtreté en font une alliée redoutable pour tous ceux qui ont droit à sa loyauté. Au fond, Blair est sans doute l'héroïne la plus complexe de la série, et c'est probablement pour ça (et ses répliques légendaires) qu'elle est restée dans la postérité comme son personnage le plus culte.

Les carriéristes

Plusieurs recherches le montrent : plus les femmes gravissent les échelons professionnels, moins elles sont appréciées. Dans un article pour la *Harvard Business Review*[1], la sociologue américaine Marianne Cooper explique ce phénomène : « Les femmes qui ont des résultats supérieurs à la moyenne attirent des réactions sociales négatives parce que la nature même de leur succès – et plus précisément les comportements qui sont à l'origine de ce succès – vont à l'encontre de ce que l'on attend des femmes. Les femmes sont supposées être agréables, chaleureuses, sympathiques et maternantes. Si une femme se comporte de manière affirmée ou compétitive, si elle pousse son équipe à la performance, si elle fait preuve d'un leadership

1. Marianne Cooper, « For women, likability and success hardly go hand-in-hand », *Harvard Business Review*, 30 avril 2013.

affirmé et énergique, elle s'éloigne de la norme selon laquelle elle "devrait" se comporter. [...] Ces femmes accomplies sont accusées de n'être pas assez féminines et d'être trop masculines. »

L'ambition professionnelle était, jusqu'à récemment, un privilège typiquement masculin. Il n'est donc pas surprenant qu'une femme ambitieuse suscite encore méfiance et antipathie. A-t-on déjà sous-entendu qu'un homme avait couché pour réussir ? Lui a-t-on demandé s'il n'avait pas peur de sacrifier sa vie privée en s'investissant tant dans sa carrière ? S'est-on préoccupé du sort de ses enfants quand il passait beaucoup de temps au bureau ? Probablement pas.

Nos anti-héroïnes carriéristes ne le savent que trop bien : elles connaissent les questions déplacées et les injonctions. Mais elles ont aussi trouvé dans leur carrière une source d'indépendance, d'accomplissement et de bonheur. Qu'il s'agisse d'Alicia Florrick, qui s'épanouit en reprenant le chemin du bureau après des années passées comme mère au foyer ; de Cristina Yang, un bulldozer ultra-compétent ; d'Olivia Pope, devenue le symbole de l'excellence noire à la télé américaine pendant des années ; ou encore de Donna Clark, qui a perdu son mariage en gagnant une carrière : toutes aiment leur travail et s'y investissent corps et âme. Les voir gravir les échelons et s'attaquer à chaque obstacle sur leur chemin a été l'une des expériences les plus grisantes de notre carrière de fans de séries télé.

Cristina Yang (*Grey's Anatomy*)

Meredith Grey a toujours été l'héroïne de *Grey's Anatomy*, celle dont la série porte le nom, celle qui est toujours là dix-huit saisons plus tard. Mais parmi les nombreux personnages féminins révolutionnaires de la série (on pourrait aussi parler de Miranda Bailey ou de Callie Torres), Cristina Yang reste sans doute la plus exaltante. C'est aussi celle à qui Shonda Rhimes, la créatrice visionnaire de *Grey's Anatomy*, s'est toujours le plus identifiée. Et l'on pourrait difficilement trouver meilleur prototype du personnage féminin à la Rhimes : brillante, abrupte, politiquement incorrecte et sans chichis. Mais surtout, particulièrement ambitieuse. La showrunneuse s'est spécialisée dans la création de femmes de carrière aussi admirables que compliquées, et Cristina est celle avec qui tout a commencé.

En juillet 2006, un an après sa sortie aux États-Unis, *Grey's Anatomy* débarque pour la première fois sur TF1, et les adolescentes que nous sommes à l'époque découvrent, ébahies, une femme qui ne s'excuse jamais de placer son travail avant tout le reste. Dès sa première journée en tant qu'interne de médecine à l'hôpital Seattle Grace, Cristina a les dents qui rayent le parquet. Cette jeune femme talentueuse, qui n'a pas un mais plusieurs doctorats, est passionnée de chirurgie. Son regard s'anime lorsqu'elle parle de pontages coronariens et d'anévrismes aortiques, et lorsque les urgences sont pleines à craquer, elle contemple la scène chaotique devant elle et s'exclame: « C'est comme des bonbons… Mais avec du sang, ce qui est *tellement* mieux! » Très vite, ses camarades la qualifient de « lèche-bottes arrogante et agressive », ce qu'elle assume entièrement. Elle arrive à l'hôpital à 4 heures du matin pour récupérer les dossiers qui l'intéressent avant tout le monde et n'accorde aucune faveur à ses proches ou à ses mentors lorsqu'elle se retrouve en compétition contre eux. Un travail et une ambition qui paieront puisqu'elle deviendra l'une des chirurgiennes les plus respectées du pays.

Son insatiabilité professionnelle est telle qu'elle occulte tout le reste. Y compris sa compassion. Lorsqu'une infirmière de l'hôpital, atteinte d'une tumeur, est gardée dans une chambre pour y passer ses derniers jours, la jeune interne, chargée de surveiller son état, râle: « Ça bloque un lit et ça me fait perdre mon temps. » D'un extérieur très froid, focalisée à l'extrême sur son travail et toujours pleine de repartie, Cristina aurait pu être une caricature de femme badass cynique et sans relief. Mais Shonda Rhimes lui accorde, à sa manière, nuance et sensibilité. Non, elle n'est pas sentimentale pour un sou. Mais cela ne l'empêche pas d'avoir un cœur et des vulnérabilités. Dans une scène culte et sombrement drôle, elle se met à pleurer de manière incontrôlée, alors qu'elle vient de vivre une rupture et une grossesse extra-utérine. « Qu'on m'administre un sédatif ! » gémit la jeune femme en larmes, excédée par ses propres débordements émotionnels – un moment sublimé par le talent comique et dramatique de son interprète, Sandra Oh.

Cristina est aussi farouchement loyale envers ceux qu'elle aime, qu'il s'agisse de Burke, son petit ami pour lequel elle mettra en danger ce qu'elle a de plus précieux, sa propre carrière… ou, surtout, de Meredith, sa meilleure amie et âme sœur, sa « personne » à contacter en cas d'urgence. Avant son départ dans la saison 10, Cristina émet une vérité dure à entendre (et à prononcer) pour Meredith, qui envisage de suivre son mari Derek dans une autre ville : « Tu es une chirurgienne brillante avec un esprit extraordinaire. Ne laisse pas ce que veut [Derek] éclipser ce dont tu as besoin. Il est très charmant. Mais de vous deux, c'est toi le soleil. Pas lui. » Avec la même détermination infaillible, Cristina pousse ainsi sa meilleure amie à vivre pour elle-même et à développer sa propre carrière, ce qui aura un impact considérable sur le reste de la série.

Son ambition assumée n'est pas le seul aspect révolutionnaire de l'héroïne, qui rejette une des conventions les plus incontournables pour beaucoup de femmes : la maternité. Dans son livre, *L'année du oui*, publié en 2017, Shonda Rhimes écrit : « Pendant mes moments les plus sombres, les plus discrètement tristes, les plus solitaires, écrire Cristina Yang m'a fortifiée [...]. Je l'ai laissée faire, penser et vivre comme mes rêves me le dictaient. Elle ne voulait pas se marier. Elle courait après son propre génie. Elle adorait son travail. Je lui ai donné un désir strident de ne pas avoir d'enfant, car même si j'adore les enfants, je voulais la voir mener ce combat féministe et le gagner. »

Dans la saison 7, Cristina tombe enceinte d'Owen et, au grand désarroi de son compagnon, qui ne cesse d'insister pour qu'elle garde le bébé, elle décide rapidement d'avorter : « Je ne veux pas de bébé. Ce n'est pas une question de travail ou d'emploi du temps. Je ne veux pas être mère. » Prise par le doute, elle annule son rendez-vous à la dernière minute, et Meredith lui dit : « Peut-être que tu veux être mère, et c'est pour ça que tu n'arrives pas à aller jusqu'au bout. » Mais pour Cristina, qui finira par avorter le soir même, ce n'est pas si simple que ça : « J'aimerais tellement vouloir un enfant, car tout ça serait plus facile. Je serais heureuse. J'aurais Owen, et ma vie ne serait pas en morceaux. Mais je n'en veux pas. Je ne veux pas d'enfant. Je ne veux pas faire de confiture, je ne veux pas faire le chauffeur, je ne veux vraiment pas être mère. Je veux être chirurgienne. Et j'ai besoin que tu me comprennes. [...] Tu es ma personne. J'ai besoin que tu sois là à 18 heures pour me tenir la main, parce que j'ai peur. Et je suis triste. Parce que mon mari ne le comprend pas. » Raconter ce choix difficile avec autant de finesse et d'aplomb, alors que les avortements sont très rares à la télé américaine, était radical en 2011. Et le reste tout autant aujourd'hui.

Alicia Florrick (*The Good Wife*)

The Good Wife s'ouvre sur une baffe et se conclut sur une autre. La première est assénée par Alicia Florrick (Julianna Margulies) à Peter, son mari, procureur général de Chicago accusé d'avoir détourné des fonds publics pour payer des prostituées. Portrait de l'épouse loyale et silencieuse, Alicia se tient à ses côtés lors de la conférence de presse où il reconnaît publiquement ses fautes. Mais dès qu'ils rejoignent les coulisses, à l'abri des caméras, elle le gifle violemment pour lui faire payer son humiliation. La seconde, c'est Alicia qui la reçoit sept ans plus tard. Elle lui est flanquée par Diane Lockhart, ancienne mentor et collaboratrice qu'elle vient de trahir. Cette symétrie narrative pourrait paraître facile, mais elle achève la transformation de « sainte Alicia », comme la surnomment certains journalistes au début de la série, en véritable anti-héroïne.

Six mois après la conférence de presse humiliante qui ouvre *The Good Wife*, Alicia doit reprendre le travail pour la première fois depuis treize ans. Excellente étudiante, puis jeune avocate pleine d'avenir, elle avait mis sa carrière de côté pour soutenir celle de son mari et élever leurs enfants. Elle recommence en bas de l'échelle, entourée de jeunes requins tout juste diplômés, dans un cabinet d'avocats tenu par Will, l'un de ses anciens camarades de promo. Sainte Alicia mérite alors bien son surnom. Salie par les trahisons de son mari, elle reste digne, calme et concentrée sur sa tâche. Et ce, même lorsque des collègues regardent la vidéo de son humiliation au travail ou lorsqu'un avocat lui lance : « Je ne sais pas comment vous faites. À votre place, je me roulerais en boule dans un coin. » Alicia sait qu'elle n'a pas le luxe de s'apitoyer sur son sort et, si elle vient à l'oublier, sa patronne Diane est là pour le lui rappeler : « Les hommes peuvent se permettre d'être paresseux, pas les femmes. Et c'est doublement vrai pour vous, non seulement vous reprenez le travail relativement tard, mais vous avez aussi une histoire lourde. »

Au fil des saisons, l'ancienne mère au foyer va gravir les échelons jusqu'à ouvrir son propre cabinet et se présenter à l'élection de procureure générale. Mais ce qui aurait pu être l'histoire d'une femme « badass » s'avère en réalité bien plus complexe que ça. À travers Alicia, *The Good Wife* s'intéresse surtout à la force corruptrice du pouvoir, et si l'héroïne semble d'abord subir les jeux politiques de son entourage, on comprend très vite qu'elle les maîtrise à la perfection. Elle reste ainsi mariée à Peter, malgré ses trahisons, dans un premier temps pour protéger ses enfants, mais aussi très vite par intérêt professionnel. Être la femme d'un homme politique influent – aussi scandaleux soit-il – a quelques avantages : Alicia a un nom, un puissant réseau et une très bonne connaissance des rouages du pouvoir.

En reprenant sa carrière malgré elle, Alicia a surtout renoué avec sa vocation. Avocate brillante et très ambitieuse, elle aime le droit et la confrontation. Quand son directeur de campagne lui demande si elle est devenue avocate pour « aider les gens », elle lui répond : « Je sais que je devrais dire oui, mais je voulais juste être au sein d'un système qui avait du sens pour moi. Je n'ai jamais pensé [aux gens]. » Et d'ajouter : « Je ne suis pas votre super-héroïne. Si vous voulez quelqu'un qui puisse restaurer votre foi en l'humanité, ne perdez pas votre temps avec moi, et ne me faites pas perdre le mien. » Dans l'exercice de ses fonctions, elle défend ainsi sans sourciller tueurs en série et trafiquants de drogue. Et quand son mari est mêlé à des affaires judiciaires, ce ne sont pas les implications morales de ses actes qui la préoccupent mais leurs conséquences sur sa famille et sur sa réputation.

Quant à son humiliation publique, elle a au moins eu le mérite de lui instiller un très fort instinct de survie. À chaque étape de son ascension, Alicia devient de moins en moins sainte et de plus en plus stratège. C'est particulièrement évident dans sa relation avec Will. Ancien flirt d'université, l'avocat en pince toujours pour elle quand il lui offre un nouveau départ au sein de sa firme. Les deux tombent vite amoureux et vivent une liaison pendant plusieurs mois avant de rompre quand l'avocate culpabilise de négliger sa famille. En quête d'autonomie et pensant mettre fin une fois pour toutes à sa relation avec son mentor, Alicia décide de quitter l'entreprise qui lui a donné sa chance pour créer son propre cabinet, embarquant avec elle plusieurs des plus gros clients du groupe. Cette trahison professionnelle donne naissance à l'une des guerres de pouvoir les plus jouissives de la série. Un face-à-face qui culmine lors d'un procès au cours duquel les deux avocats s'opposent. Dans un coup de maître à la fois savoureux et cruel, Alicia va jusqu'à revêtir le tailleur qu'elle portait lors de leur première nuit ensemble pour déconcentrer Will.

Cette compétition, elle va aussi la connaître avec Diane qui, révoltée par sa déloyauté, l'interroge : « Tu sais, parfois je te regarde et je me demande si tu as changé ou si tu as toujours été comme ça. » Alicia, qui s'inspire justement des manœuvres de ses mentors, lui rétorque : « J'ai appris des meilleurs, je ne pouvais que changer. » Mais le changement le plus radical qu'elle connaît au fil des années est finalement d'assumer ce qu'elle a toujours été : un animal politique et une femme de carrière aussi talentueuse que complexe, et certainement pas l'image réductrice et condescendante de sainte qu'on lui avait attribuée.

Olivia Pope (*Scandal*)

Amateurs de subtilité, passez votre chemin. *Scandal* est le genre de série où chaque personnage se lance quotidiennement dans un monologue enflammé, où le président des États-Unis déclare la guerre à un pays d'Afrique fictif pour sauver sa maîtresse kidnappée, et où une agence secrète au sein de la Maison Blanche assassine régulièrement les figures publiques un peu trop gênantes pour le pouvoir en place.

Au sommet de cet univers règne Olivia Pope – Liv, pour les intimes –, interprétée par Kerry Washington et inspirée par Judy Smith, une conseillère en communication de crise qui a réellement servi pendant la présidence de George Bush. Quand Olivia entre dans une pièce, toutes les têtes se tournent vers elle. Perchée sur des talons aiguilles, la trentenaire est toujours impeccablement habillée – son goût pour les sacs Prada et les manteaux crème Max Mara est d'ailleurs devenu emblématique du personnage. Experte en relations publiques à Washington DC et ancienne conseillère du président, Olivia a une confiance en elle inébranlable, qui frôle parfois l'arrogance. Elle ponctue régulièrement ses interventions de phrases comme « Je suis meilleure que quiconque dans mon domaine », « Mon instinct ne se trompe jamais » ou encore « Me parler est un privilège ». Et elle n'a pas tort. Éduquée par un père strict et exigeant, qui lui a appris dès l'enfance qu'en tant que femme noire il lui faudrait être « deux fois meilleure qu'eux pour obtenir la moitié de ce qu'ils ont », elle subit une pression constante et se doit d'être toujours irréprochable.

Son entourage lui voue un véritable culte (dans un épisode de la saison 4, l'un des agents de protection du président la compare même à Hélène de Troie, tant les hommes qui croisent son chemin deviennent généralement fous d'elle), mais contrairement à ce que pourrait laisser penser son nom pontifical, Olivia n'est pas parfaite. D'abord, elle entretient une relation adultérine et relativement toxique avec Fitzgerald Thomas Grant III (tous les personnages de *Scandal* ont des noms qui claquent), le président des États-Unis. Et si sa vie amoureuse est compliquée, sa vie professionnelle comporte plus de dilemmes moraux qu'un roman de Dostoïevski. Au début de la série, Olivia est établie comme une force œuvrant pour le bien. Mais très vite, on découvre que, pour accomplir ce « bien », la consultante est prête à utiliser des méthodes pour le moins douteuses. Pour que Fitz remporte l'élection présidentielle, la jeune femme participe à une fraude électorale. Au fil des saisons, elle est impliquée dans des complots toujours plus rocambolesques et machiavéliques, et va jusqu'à commanditer un crash d'avion pour se débarrasser d'un chef d'État étranger. Un assassinat qui lui vaudra tout de même une « intervention » de ses proches, qui commencent à se dire que leur héroïne a peut-être basculé du mauvais côté de la force. Mais le moment le plus glaçant du personnage est sans conteste celui où elle tue un ennemi à grands coups de chaise et le regarde se vider de son sang. À la fin de la série, Liv le reconnaît elle-même : « Nous ne sommes pas les héros de l'histoire, nous sommes les méchants. »

Quoi qu'on pense des rebondissements invraisemblables de *Scandal* et de l'évolution d'Olivia Pope, force est de reconnaître que le personnage a représenté une véritable révolution à la télé américaine. Au moment de sa diffusion, la série était le premier programme en prime time avec une femme noire pour héroïne depuis près de quarante ans[1] (et a ensuite ouvert la voie à des séries comme *Insecure*, *Black-ish*, *Queen Sugar*, *How to Get Away with Murder*, ou encore *Empire*). Le succès de la production de Shonda Rhimes a été tel qu'il a propulsé Olivia Pope au rang des figures cultes du petit écran. Pendant six ans, une femme afro-américaine est ainsi devenue un symbole de pouvoir, d'assurance et d'autorité à la télé. Et si l'on peut critiquer les intrigues pour le moins absurdes des dernières saisons, il faut souligner l'audace de la série, qui aurait pu se contenter de faire d'Olivia Pope un symbole lisse et parfait, mais qui a au contraire choisi d'en faire une anti-héroïne complexe et moralement trouble. Comme Shonda Rhimes l'a parfaitement résumé dans une interview accordée au *New York Times* : « L'égalité, c'est de pouvoir être aussi faillible et paumée que tous les autres personnages principaux à la télé. »

1. Deux autres séries l'avaient précédée : *Julia*, une sitcom diffusée sur NBC entre 1968 et 1971, et *Get Christie Love!*, une série criminelle diffusée sur ABC entre 1974 et 1975.

Donna Clark (*Halt and Catch Fire*)

Donna (Kerry Bishé) démarre la série en tant qu'épouse frustrée. *Halt and Catch Fire*, inspirée de plusieurs faits historiques, suit les tribulations de quatre entrepreneurs américains dans le milieu de la tech des années 1980 et 1990. Ambitieux et passionnés, ils passeront cependant toujours à côté des plus grandes innovations de l'époque, doublés par les Bill Gates et autres Steve Jobs de ce monde. La première saison s'intéresse d'abord à trois personnages : le charismatique businessman Joe MacMillan ; Cameron Howe, une hackeuse et jeune prodige que Joe a prise sous son aile ; et leur acolyte bougon, un ingénieur informaticien nommé Gordon Clark.

Donna, c'est la femme de Gordon. Cette ingénieure, diplômée de Berkeley, a d'abord collaboré avec son mari avant de choisir une carrière stable dans une entreprise d'électronique. Simple personnage secondaire dans les premiers épisodes, elle est excédée par Gordon, qui se plonge corps et âme dans son nouveau projet de PC pendant qu'elle s'occupe des enfants. Mais lorsque les trois autres héros essuient des déconvenues, c'est Donna qui intervient et les aide à régler leurs problèmes, nous révélant toute l'étendue de son talent. Progressivement, elle se fait une place plus importante dans la série jusqu'à en devenir, avec Cameron, le cœur battant.

Dès le début, Donna développe une admiration teintée de jalousie pour Cameron, dont les lignes de codes « ressemblent à des partitions de musique » et qui est tout ce qu'elle n'est pas : punk, spontanée, créative, ses cheveux courts peroxydés en totale inadéquation avec les tailleurs conservateurs et les boucles parfaitement dessinées de Donna. Mais c'est aussi la fougue de Cameron qui va réveiller la passion professionnelle de la jeune mère. Lorsque la saison 2 commence, les deux femmes, cofondatrices d'une entreprise de jeux vidéo, occupent désormais le devant de la scène.

Leur relation, comme le dit Donna, « devrait en principe être symbiotique » : l'une est créative, l'autre douée en business. Mais c'est aussi la principale source de tensions entre les deux personnages, car chacune envie les forces de l'autre tout en abhorrant ses faiblesses. Brillante et impulsive, Cameron irrite fréquemment Donna, qui se retrouve à la materner. Cette dernière, plus organisée, plus responsable mais aussi plus rigide, a souvent le mauvais rôle, et hérite du travail le plus ingrat : les factures, le management, la gestion immobilière. Si Cameron est la surdouée visionnaire du groupe, Donna est la rabat-joie qui passe son temps à rappeler aux autres les obligations de la vie d'entreprise. Dans une conversation qu'elle fantasme après avoir pris des champignons hallucinogènes, elle dit à Cameron : « Je suis aussi bonne que toi. »

Lorsque son amie lui signale que personne n'a jamais dit le contraire, elle répond : « Ils n'ont pas besoin de le dire. C'est là, tout le temps. Cameron, c'est le génie, Donna, c'est la maman. » De plus en plus lassée par l'inconstance de son associée, Donna finit par faire passer son ambition personnelle avant le reste et la trahit : elle convainc leurs autres partenaires de voter pour une introduction en bourse, contre le souhait maintes fois exprimé de Cameron. Cette dernière, meurtrie, quitte l'entreprise.

Dans les dernières saisons, Donna devient en quelque sorte l'antagoniste de la série, en concurrence avec les autres personnages. Aigrie par le départ de Cameron, elle s'est constitué une carapace de business-woman ambitieuse et redoutable. Mais en privé, elle continue d'admirer son ancienne associée, et joue même au jeu vidéo iconoclaste que cette dernière a développé. Les deux femmes se réconcilient timidement à la fin de la série. Lors d'une soirée visant à promouvoir les femmes dans la tech, Donna prononce un discours tandis que Cameron est dans la foule : « Je suis dans la tech depuis dix-huit ans. J'ai gagné, et j'ai perdu. Je suis une femme qui a éjecté sa partenaire de sa propre entreprise, l'entreprise que celle-ci avait fondée. Je suis une femme qui a perdu son mariage en partie à cause de ce travail. Je me demande tout le temps si je passe assez de temps avec mes enfants.

[...] Mais j'ai fait plein de choses. Ça a eu un prix, mais je les ai faites. [...] Ce sont des gens qui m'ont permis d'arriver là. [...] Des gens comme ma dernière et meilleure partenaire, Cameron Howe. » Le lendemain, alors que Cameron lui dit au revoir avant de déménager à l'autre bout du pays, Donna, rêveuse, lève subitement la tête vers son amie : « J'ai une idée. » Après tout ce qu'elles ont traversé ensemble, l'envie de créer reste irrésistible.

La série, qui décrit mieux qu'aucune autre les compromis, les petites amertumes et les moments d'euphorie constituant une collaboration à la fois professionnelle et intime, s'achève sur cette image rare et précieuse : celle de deux femmes têtues mais complémentaires, qui ont trouvé l'une chez l'autre une alter ego comprenant parfaitement leur passion professionnelle. Étant amies et partenaires de travail depuis plus de dix ans, on peut vous dire que ce genre de représentation ne nous a pas laissées insensibles.

Les psychopathes

Là, c'est sans doute le moment où l'on vous perd. Vous vous dites : « Cordelia dans *Buffy contre les vampires*, OK, mais elles vont faire l'éloge de psychopathes ? » Rassurez-vous, nous ne sommes pas là pour dire que tuer des gens, c'est super. Mais il faut avouer que nous avons pris un certain plaisir à suivre les diableries de ces femmes de télé particulièrement tordues (et à les défendre dans ce livre). Si les repoussoirs, les traînées ou les mères indignes ont toutes commis, à leur manière, des crimes contre la féminité, rien n'est moins féminin dans l'imaginaire collectif que la violence. Sur le spectre de l'humanité et de la décence, ces femmes… égorgent le spectre, le découpent en morceaux et le font avaler à leurs ennemis. Et si leurs actes sont répréhensibles, leur mépris total de toutes les règles est grisant, tout comme leur pouvoir de nuisance.

À force d'entendre qu'« on ne frappe pas les filles » car elles appartiennent au « sexe faible », ou que la guerre n'existerait pas si les femmes étaient au pouvoir, voir d'irréductibles anti-héroïnes terroriser leur monde a quelque chose d'incroyablement subversif. Après tout, pourquoi les personnages féminins n'auraient-ils pas le droit, eux aussi, d'être odieux, nocifs, violents ou terrifiants ? Dans la réalité, que ce soit dans la rue, dans leur couple, au travail ou dans leur famille, les femmes sont statistiquement plus vulnérables que les hommes face aux violences. Mais rien n'empêche la fiction d'exercer une sorte de justice compensatoire. De montrer des femmes aussi féroces que les hommes, aussi mauvaises et malveillantes qu'eux. En tant que spectatrices, on se délecte de voir des barjos machiavéliques comme Constance Langdon dans *American Horror Story* (ou Sister Jude, ou tous les rôles de Jessica Lange dans la série, en fait). Des déesses impitoyables en talons hauts comme Glory dans *Buffy contre les vampires*. Des sorcières sadiques comme Bad Willow, toujours dans *Buffy*. Des vampiresses siphonnées comme Drusilla… dans *Buffy* (on vous a déjà dit qu'on aimait bien *Buffy contre les vampires* ?). On pense aussi à Sophie-Anne Leclercq, la reine vampire queer et pas commode de *True Blood*, jouée par l'incomparable Evan Rachel Wood, ou encore à la terrifiante entité nommée Lenny dans *Legion*, incarnée à la perfection par Aubrey Plaza.

Ce chapitre contient quelques-unes des plus grandes méchantes de l'histoire de la télé (même si certaines cumulent les tares, c'est pourquoi Cersei, par exemple, se trouve chez les mères indignes). Elles ne sont pas toutes violentes physiquement, mais chacune abrite une rage incoercible qui pétrifie ceux qui la croisent. Ce qui nous touche chez ces femmes, c'est aussi leur inadéquation. Dans *Killing Eve*, Villanelle exprime ainsi son désarroi : « La plupart du temps, je ne ressens rien. C'est d'un tel ennui. Je me réveille et je me dis "Encore ?" Je ne comprends pas pourquoi les autres ne hurlent pas d'ennui. J'essaie par tous les moyens de ressentir quelque chose, mais ça ne change rien. Je me fais mal, ça ne fait pas mal. J'achète ce que je veux, mais je n'en veux pas. Je fais ce qui me plaît, ça ne me plaît pas. Je m'ennuie tellement. »

Les femmes mentionnées ici, pourtant, n'ont rien d'ennuyeux. Elles bousillent les règles de la bienséance, et nous régalent au passage.

Kimberly Shaw (*Melrose Place*)

Il était impossible de démarrer ce chapitre sans célébrer la tarée la plus diabolique de l'histoire de la télé. Lorsque l'épisode de *Melrose Place* intitulé « The Bitch

Is Back» (littéralement «La connasse est de retour», mais traduit plus sagement par «Une revenante» en VF) a été diffusé en France, nous avions respectivement sept et neuf ans – Anaïs s'en souvient encore, elle regardait la télé chez sa nounou après l'école. Et la scène de conclusion, où Kimberly Shaw enlève sa perruque, reste encore aujourd'hui un moment indélébile parmi nos souvenirs de très jeunes téléspectatrices. Dans cet épisode, alors qu'on la pensait morte dans un accident de voiture, Kimberly réapparaît et se remet avec son ex-fiancé, Michael. Depuis l'accident, elle dit souffrir de terribles migraines. Après leurs ébats passionnés, elle va donc dans la salle de bains pour prendre des médicaments. Face au miroir, Kimberly pose la main sur ses sublimes cheveux roux, et fait glisser ce qui s'avère être une perruque, pour révéler un crâne rasé et mutilé, fendu d'une immonde cicatrice. À une époque où les séries télé étaient nettement moins crues que ce à quoi on s'est désormais habitué, cette vision était horrifique: la plaie boursouflée de Kimberly, son visage grimaçant... Ce personnage auparavant sympathique, médecin sensible et bien sous tous rapports, semble s'être transformé en monstre. Difficile de mesurer le choc provoqué par ce qui reste aujourd'hui un des plus gros twists de l'histoire de la télé. Cette scène d'anthologie marque la transformation de Kimberly en dangereuse psychopathe.

Le retour de Kimberly semble suivre à la lettre le manuel des clichés du personnage malveillant : elle apparaît dans la maison de Michael en plein orage, révélée par la lumière des éclairs, elle cumule les rictus maléfiques et les rires diaboliques... Plus tard, elle découpera les photos des visages de ses victimes et les collera sur son miroir, encerclées de traits de rouge à lèvres. Après avoir fait semblant d'être agressée par Michael, elle est inscrite dans un camp d'entraînement pour victimes de violences, où elle rejette la solidarité de ses coéquipières : « Je n'ai pas besoin de sœurs, j'ai besoin de pouvoir. Je recherche la force, la maîtrise, la détermination. Et dès que j'aurai fait le plein, j'irai détruire tous ceux qui m'ont mis des bâtons dans les roues. Et je reprendrai ce qui est à moi. Je ne retrouverai la paix que le jour où je marcherai sur les cadavres de mes ennemis. » Kimberly, c'est l'image par excellence de la duplicité et de la malveillance, et depuis la sorcière de *Blanche-Neige et les Sept Nains*, aucune femme n'avait suscité une telle terreur chez nous.

L'objet principal de son courroux, c'est Michael, son ex-fiancé qui a causé leur accident de voiture en conduisant en état d'ivresse. C'est l'un des pires hommes de *Melrose Place*, un infidèle chronique, sexiste et manipulateur qui enchaîne les épouses et les conquêtes. Et face à Kimberly, le pauvre Michael va payer cher sa goujaterie. En à peine deux saisons, la jeune femme incarnée par Marcia Cross va : appeler la police pour faire croire que Michael l'a agressée, renverser Michael avec sa voiture, tenter d'électrocuter Michael et sa maîtresse Amanda dans leur jacuzzi, et faire sauter l'immeuble dans lequel Michael vit.

On aimerait vous dire que tout cela renferme un sens plus profond, mais non. Malheureusement, Kimberly appartient à une ère de la télévision encore extrêmement sexiste, et son personnage a cumulé toutes les tares que les scénaristes pouvaient trouver pour rendre une femme effrayante : sournoise, enragée, manipulatrice, schizophrène, et évidemment, se faisant faussement passer pour une victime de violences domestiques… Son traitement dans la série est un exemple frappant de la lourde stigmatisation de la santé mentale, encore très présente à la télé dans les années 1990. Il est en effet révélé que Kimberly, qui fera plusieurs tentatives de suicide au cours de la série, souffre de graves problèmes psychiatriques. Le médecin qui lui fait passer des tests lui explique : « Tu n'as aucun mécanisme de défense contre le stress, tu as un degré élevé d'hostilité réprimée, une tendance à être socialement inadaptée, et tu as des troubles de la personnalité. Autrement dit, tu es une bombe à retardement ambulante. » Sympa.

Après de nombreux rebondissements lors desquels elle jongle entre plusieurs personnalités, Kimberly finit avec une tumeur au cerveau et meurt à la fin de la saison 5 (un destin classique, vous l'aurez remarqué, pour beaucoup de femmes citées dans ce livre). Son personnage a terriblement mal vieilli, mais nous voulions rendre hommage à cette désaxée historique, et la remercier pour l'excellent divertissement qu'elle nous a fourni – en 226 épisodes, *Melrose Place* n'a pas créé personnage plus mémorable. Et puis, on ne va pas se mentir : Michael l'avait bien cherché.

Villanelle (*Killing Eve*)

Villanelle est une vraie professionnelle. C'est une femme d'ambition qui adore son métier, accomplit toujours sa tâche en souriant, sait se montrer créative et fait même du zèle dès qu'elle le peut. Le seul truc, c'est que son travail consiste à assassiner des gens. Tueuse de profession, la jeune femme travaille pour une mystérieuse organisation, Les Douze, et élimine pour leur compte des hauts dignitaires sans jamais demander d'explications. Mais Villanelle aime tellement son boulot qu'elle commence à se faire remarquer, à force de méthodes un peu trop inventives : torture, castration, pique à cheveux dans l'œil et autres mises en scène macabres. Lorsque l'agent du MI6 Eve Polastri commence à la traquer, un intérêt mutuel se développe entre la flic et la meurtrière – Eve est fascinée par les tueuses, et la manière dont elles déjouent toutes nos attentes sur la douceur et la docilité féminine. Et on la comprend.

Coproduite et écrite par Phoebe Waller-Bridge (la remarquable créatrice de *Fleabag*), la saison 1 de *Killing Eve*, qui adapte des romans de Luke Jennings, est un carton immédiat : voici une série qui détourne malicieusement les codes du genre policier, avec un jeu du chat et de la souris queer, féminin et féministe, porté par des héroïnes vraiment siphonnées.

Dans cette série peuplée de femmes puissantes et antipathiques, Villanelle est l'attraction principale. Dans la scène d'ouverture, la meurtrière sourit gentiment à une enfant dans un restaurant, avant de lui renverser sa glace dessus. Quelques scènes plus tard, elle se moque d'une vieille dame de son immeuble. Le ton est donné. Avec son accent russe à couper au couteau, son goût pour les tenues de luxe, sa cruauté espiègle et sa franchise désarmante, Villanelle est aussi tarée qu'hilarante. Interprété par la Britannique Jodie Comer, c'est un personnage sans filtre, qui atomise toutes les règles de l'acceptable.

La jeune femme est une pure psychopathe. Elle prend plaisir à tuer (« J'adore les entendre s'étouffer »), s'amuse avec les cadavres (elle attrape la main d'une de ses victimes et la secoue : « Bye bye ! ») et ne ressent jamais la moindre compassion. Lorsqu'un homme qu'elle s'apprête à abattre tente de négocier avec elle en lui disant qu'il a des enfants, elle lui rétorque : « [Ta mort] les rapprochera », puis s'empresse de le tuer en le castrant.

Cet argument (« J'ai une femme et des enfants ») est d'ailleurs répété par presque toutes les victimes masculines de Villanelle au cours de la série. Même dans leur dernier souffle, alors qu'ils font clairement face à une femme aussi dérangée que létale, ils ne peuvent s'empêcher de penser qu'ils pourront l'attendrir. Évidemment, ils finissent toujours trucidés. La série, encore et encore, piétine allègrement l'idée que toutes les femmes sont naturellement émotives, rassurantes, douces et charitables. Le seul langage de Villanelle, c'est la violence (et les manteaux extravagants).

On ne peut pas dire qu'il s'agisse d'un personnage très recommandable, pourtant, son arrivée sur nos écrans a été accueillie avec jubilation. Car voir une représentante du « sexe faible » faire preuve d'une telle brutalité est éminemment subversif. Avec ses tenues féminines et sa voix fluette, la jeune femme joue constamment sur la perception que les autres ont d'elle pour se rendre inoffensive, se faisant même passer pour une victime de violences domestiques à plusieurs reprises. Elle est aussi dénuée d'instinct maternel et menace sans problème les enfants, quand elle ne les utilise pas pour commettre certains de ses crimes. Dans un monde où le comportement des femmes est sans cesse surveillé et jugé, Villanelle s'en tire avec des actes si tordus que l'on ne pensait pas qu'il était possible de les dépeindre à la télé.

Malheureusement, un personnage aussi frontalement violent ne peut pas durer sans s'essouffler narrativement, et plus la série avance, plus elle tente de justifier ou d'expliquer les actes de Villanelle, perdant ainsi une bonne partie de son tranchant. Dans la saison 2, la jeune femme s'en prend d'abord à un pervers qui la séquestrait, puis massacre un homme qui trompait sa femme avec des prostituées, sous les yeux impassibles de celle-ci. Le discours de la série devient plus réducteur, et oublie que la violence de Villanelle était réjouissante justement parce qu'elle n'avait aucune justification.

Outre les aventures de notre prédatrice préférée, *Killing Eve* est, au fond, l'histoire d'amour tordue entre deux femmes. Cette représentation queer, toujours minoritaire dans la pop culture, est aussi ce qui a contribué à la popularité de Villanelle (même si on aimerait bien que la bisexualité cesse d'être l'orientation sexuelle de choix pour les psychopathes dans les séries, comme s'il s'agissait d'une preuve supplémentaire de leur perversion). Comme pour tout le reste, la meurtrière affiche haut et fort son attirance pour les femmes, et ce de manière jouissive. Dans l'art comme dans les médias, la sexualité des lesbiennes est souvent dissimulée derrière de ridicules euphémismes : elles sont dépeintes comme des « amies » ou des « colocataires »... Pas dans *Killing Eve*. Lorsque Villanelle affronte enfin Eve à la fin de la saison 1, elle lui dit : « Je pense souvent à toi. Je veux dire que je me masturbe beaucoup en pensant à toi. » Même chez les tarées sanguinaires, la représentation, ça compte.

C'est pour ça que le dernier épisode, perçu comme une trahison par de nombreuses fans, constitue un ultime affront envers l'anti-héroïne. Alors que son histoire d'amour avec Eve, insinuée depuis quatre saisons, a enfin été concrétisée par une belle scène de baiser, Villanelle est tuée par un sniper dans la dernière scène de la série. Le final réveille ainsi un des clichés les plus agaçants et les plus persistants dans la pop culture : « *bury your gays* » (« enterrez vos gays »), ou l'impossibilité pour les personnages LGBT, surtout les lesbiennes, d'obtenir une fin heureuse. De Tara dans *Buffy contre les vampires* à Lexa dans *The 100*, la fiction est remplie de lesbiennes tuées dans un moment de bonheur. « On a évoqué l'idée de faire un happy end. Mais on n'a jamais réellement réussi à les imaginer comme ça », s'est défendue Laura Neal, la showrunneuse de la saison 4. Russe, psychopathe, tueuse d'hommes sans remords et queer : Villanelle cumulait visiblement trop de tares pour avoir le droit de rester en vie. La vraie révolution aurait pourtant été de nous offrir une fin plus optimiste, même pour cette protagoniste impardonnable. *Killing Eve* a eu l'audace de nous rendre sympathique une atroce meurtrière et de nous offrir une romance grisante entre deux femmes compliquées aux obsessions morbides. Quel dommage qu'une série aux débuts si subversifs se soit réfugiée derrière une fin moraliste et tristement conventionnelle.

Carol Peletier (*The Walking Dead*)

Avec Michonne, Carol fait partie des personnages féminins les plus appréciés de *The Walking Dead*, et pour les mêmes raisons. Toutes deux sont dotées de qualités viriles, que l'on trouve souvent admirables chez les hommes : courage, taciturnité, force physique, capacité à se battre et absence d'émotions qui pourraient venir parasiter un combat ou une prise de décisions.

Mais chez Carol, ces attributs ont revêtu au fil de la série un aspect de plus en plus sombre et complexe. Plus l'héroïne apprend à se battre et se défendre, plus elle perd une partie de son humanité, jusqu'à en devenir presque monstrueuse et robotique. C'est à travers son personnage que *The Walking Dead*, exposé cynique sur la cruauté abrutissante du genre humain, a le mieux montré les conséquences de la violence.

Cette femme à l'emblématique chevelure grisonnante, devenue une redoutable tueuse, avait pourtant démarré la série en victime. Rescapée de l'apocalypse zombie, elle vit avec sa fille de douze ans, Sophia, sous le joug d'un mari violent, Ed – sa coupe garçonne trahit d'ailleurs sa crainte de se faire tirer les cheveux. Lorsqu'Ed meurt, la mère célibataire espère pouvoir enfin revivre. Malheureusement, les pires épreuves sont à venir. Quelques épisodes plus tard, Sophia disparaît. Après une traque désespérée de plusieurs jours, la mère se retrouvera finalement nez à nez avec sa fille transformée en zombie, dans l'une des séquences les plus tragiques de la série. Cette perte incommensurable pousse Carol à s'endurcir. Elle devient l'une des combattantes les plus féroces du groupe, et c'est à elle que l'on doit certains des moments les plus badass (pour une fois, le terme est mérité) de *The Walking Dead*. Dans l'exaltant épisode « No Sanctuary », elle parvient sans l'aide de personne à sauver ses camarades faits prisonniers d'une communauté de cannibales : telle une John McClane au féminin, elle fait sauter un tank de propane, rampe dans des conduits d'aération et abat cruellement ses ennemis.

Mais ce déferlement de violence, nécessaire à la survie dans un monde postapocalyptique, pèse lourd sur la psyché de Carol, qui tue de plus en plus froidement. Dans la saison 4, une de ses camarades souffre de symptômes inconnus et, pour éviter qu'elle ne contamine les autres rescapés, Carol la tue, puis brûle son cadavre. Après avoir été bannie pour son acte, elle part seule sur la route, avant d'être rejointe par deux sœurs orphelines qu'elle avait prises sous son aile. Lizzie, l'aînée de douze ans, souffre de troubles psychologiques qui s'expriment par une fascination de plus en plus inquiétante pour les zombies : elle leur parle, leur donne à manger, et semble vouloir devenir comme eux. Lorsque Lizzie finit par tuer sa petite sœur pour la transformer en zombie, Carol, qui se comportait avec elle comme une mère, est effondrée. Plutôt que d'essayer d'aider sa protégée, elle a recours à une solution radicale, pour ne pas dire monstrueuse. Sachant que la petite fille calme ses angoisses en se concentrant sur des fleurs, Carol l'emmène dans un pré fleuri. Et après avoir prononcé l'une des répliques les plus sinistres et emblématiques de la série (« *Look at the flowers, Lizzie* », « Regarde les fleurs, Lizzie »), elle se place derrière la petite fille et l'exécute d'une balle dans la tête. Après onze saisons de dictatures violentes, de psychopathes sanguinaires et de massacres choquants, Carol reste l'autrice du moment le plus glaçant de toute la série, un tournant qui la hantera encore des années plus tard.

Comme pour d'autres femmes de ce chapitre, c'est ainsi le rapport de Carol aux enfants qui est utilisé pour souligner son extrême détachement. Parfois à des fins tragiques, comme avec Lizzie, mais aussi de manière plus comique et subversive. Ainsi, alors qu'elle vient d'être intégrée à la communauté d'Alexandria, qui a réussi à reconstruire une vie relativement paisible et normale au milieu de l'apocalypse zombie, elle joue la parfaite ménagère, toute en sourires polis et gilets à fleurs. Avec sa recette de cookies, elle s'attire les faveurs du jeune Sam, fils de la voisine. Mais le petit garçon déchante vite quand il surprend Carol en train de voler des armes dans la remise. Pour qu'il ne la dénonce pas, Carol le traumatise lors d'un monologue d'anthologie: « Si tu le dis à ta mère, un matin, tu te réveilleras, et tu ne seras plus dans ton lit. Tu seras en dehors de l'enceinte de la ville, loin d'ici, attaché à un arbre. Et tu hurleras, encore et encore, parce que tu auras très peur. Personne ne viendra t'aider, parce que personne ne t'entendra. Mais quelque chose d'autre t'entendra: les monstres viendront, et tu ne pourras pas t'échapper. Ils te déchiquetteront, et te mangeront vivant. Et après, personne ne saura ce qui t'est arrivé. Ou alors, tu peux me promettre de ne jamais raconter à personne ce que tu as vu: rien ne t'arrivera, et tu auras plein de cookies. » Malgré tout, en restant la femme implacable et un peu détraquée que les épreuves ont façonnée, Carol finira par développer un lien d'affection avec le petit garçon lorsqu'elle comprendra qu'il a grandi avec un père violent. Elle deviendra ensuite la mère adoptive de Henry, un autre jeune homme de la série, et c'est en partie grâce à lui qu'elle retrouvera son humanité.

Énorme succès populaire mais depuis longtemps délaissée par la critique, *The Walking Dead* a fait de certains membres de son casting, comme Danai Gurira ou Steven Yeun, des stars internationales. Melissa McBride, elle, a trouvé le rôle de sa vie avec Carol et restera toujours associée à cette dure à cuire d'anthologie. Dans les comics qui ont inspiré la série, son personnage devient de plus en plus instable et finit par se suicider. Alors qu'elle était censée n'avoir qu'un rôle secondaire, Carol s'est vu offrir, dans sa version télé, une renaissance bien plus intéressante, devenant l'un des personnages les plus populaires de la franchise. En 2023, elle sera en effet à l'affiche de son propre spin-off avec Daryl, autre protagoniste aussi brisé et mutique qu'elle. Sa trajectoire n'est pas finie, mais on est déjà heureuses d'avoir pu assister à une métamorphose aussi riche et complexe, dans une série qui a progressivement perdu sa subtilité.

Patti Levin (*The Leftovers*)

« C'est compliqué. Tu ne peux pas me laisser partir, tu ne veux pas me laisser mourir. Que faire, Kevin ? » Dès le début de *The Leftovers*, Patti Levin (Ann Dowd) est une épine dans le pied de Kevin Garvey, le shérif d'une petite ville américaine. La sublime série de Damon Lindelof se déroule trois ans après « *the sudden departure* », événement cataclysmique durant lequel 2 % de la population mondiale ont disparu de la surface de la Terre – d'une minute à l'autre et sans aucune explication. Ceux qui sont toujours là (les *leftovers*) se retrouvent donc seuls face à leur deuil, leurs peurs et leurs questionnements. Ce traumatisme est le terreau parfait pour de nouvelles sectes qui prétendent offrir des réponses ou une raison d'être à ceux qui n'en ont plus. Patti est la dirigeante locale de l'un de ces groupes : les Guilty Remnants (littéralement, les « vestiges coupables »).

Vêtus de blanc, toujours silencieux et fumant cigarette sur cigarette, les Guilty Remnants refusent de reprendre le cours de leur vie et ont pour seule tâche de rappeler au reste du monde que rien ne sera plus jamais comme avant. Lors d'un face-à-face avec Kevin, Patti lui explique leur mission : « Savoir ce qu'il s'est passé [le jour de la disparition] n'a aucune importance. Mais la différence entre toi et moi, c'est que j'accepte que ça a eu lieu. Et pendant que vous mettez ça de côté, que vous l'ignorez, nous, on élimine tout ce qui pourrait nous en distraire, on élimine toutes les distractions qui nous empêchent de nous souvenir, on élimine nos liens avec le monde, la peur, l'amour, la haine et la colère, jusqu'à ce qu'on disparaisse. [...] Nous sommes des rappels ambulants de ce que vous tentez si désespérément d'oublier. »

Ces rappels ambulants ne reculent devant rien pour accomplir leur tâche. Sous les ordres de Patti, ils harcèlent les habitants de la ville, les attendent devant chez eux en les fixant sans rien dire. Ils ruinent chaque commémoration et chaque tentative de retour à la vie normale. Dans un moment d'une cruauté infinie, les membres de la secte s'infiltrent dans les habitations des familles ayant perdu l'un de leurs proches pour voler toutes les photos des disparus et ne laisser que des cadres vides. Leur plan ne s'arrête pas là : à l'aide des clichés, ils reconstituent l'apparence et les tenues des absents, et créent des poupées à leur effigie qu'ils vont placer chez les proches.

Si certains membres de la secte semblent parfois douter, ce n'est jamais le cas de Patti, qui paraît dénuée d'empathie et d'humanité. Elle va jusqu'à organiser la mort de Gladys, l'une de ses fidèles, qui est kidnappée, attachée à un arbre, puis lapidée. « Maintenant, personne ne peut l'oublier », expliquera plus tard Patti, avant de préciser : « Elle était consentante. »

Kevin voue une haine aux Guilty Remnants, et à leur leader en particulier, depuis que sa femme, Laurie, a quitté le foyer familial pour les rejoindre. Au fil des semaines, Patti devient une présence de plus en plus menaçante et obsédante dans la vie du shérif. Ce dernier souffre d'épisodes de somnambulisme, lors desquels il commet des actes dont il ne se souvient plus au réveil. Durant l'une de ces nuits, il kidnappe Patti et la séquestre dans une cabane dans le but de se débarrasser d'elle. Au réveil, Kevin est incrédule et désemparé, mais quand il propose à sa captive de la libérer et de faire comme s'il ne s'était rien passé, elle refuse. Au terme d'un face-à-face très tendu, le shérif comprend enfin : « Tu veux que je te tue. » Patti lui répond : « Oh Kevin, tu n'as pas les couilles de me tuer. Je veux que tu tiennes tes engagements, je veux que tu finisses ce que tu as commencé, je veux que tu ailles jusqu'au bout. » Mais Kevin n'ira pas jusqu'au bout, préférant libérer sa captive plutôt que d'avoir sa mort sur sa conscience. Patti saisit alors un morceau de verre brisé sur le sol et se suicide en s'égorgeant sous les yeux horrifiés du shérif.

La mort de Patti ne signe pas pour autant la fin de son pouvoir de nuisance. Alors que Kevin a quitté son travail et sa ville pour s'installer au Texas avec sa famille, elle revient le hanter, devenant une présence quasi constante dans le quotidien de l'ancien shérif, qui n'arrive pas à s'en débarrasser. Patti, que le père de famille est le seul à voir, le suit et commente sans cesse sa vie de couple et son état mental : « Ce qu'il y a entre vous n'est pas de l'amour, c'est de la gestion de crise », « Tu as dû te sentir émasculé », « Il y a des gens qui ont vraiment très envie de mourir, comme moi et toi »... Jusqu'à pousser Kevin au bord de la folie, et lui faire prendre une mesure radicale pour être enfin libéré.

C'est l'objet de l'épisode le plus surréel de *The Leftovers*, et l'un des plus audacieux jamais diffusés à la télé : « International Assassin ». Après avoir avalé du poison, Kevin se réveille dans une dimension parallèle. Sa mission ? Tuer Patti dans cette réalité pour en être débarrassé dans la sienne. Il devra finalement l'assassiner trois fois dans cet épisode, qui prend une tournure de plus en plus mélancolique et déchirante avec chaque meurtre. Car avant d'être une antagoniste redoutable, Patti était une femme battue, sous la coupe d'un mari abusif qu'elle a essayé de fuir sans jamais y arriver. Dans certains flashbacks, on est d'ailleurs surpris de la découvrir en figure pathétique, faible et soumise, bien loin du stoïcisme machiavélique qu'on lui connaît. Quand le monde entier a perdu sa raison d'être lors du *sudden departure*, Patti, qui avait pressenti la catastrophe, a au contraire découvert toute sa puissance. Lors de leur premier échange dans l'épisode, on comprend la façon dont elle se perçoit lorsqu'elle raconte à Kevin l'histoire d'un bébé abandonné par ses parents : « Il va grandir et il va avoir du mal à s'attacher aux gens. Il aura du mal à donner et à recevoir de l'amour. Mais ce n'est pas du tout un problème. C'est une force. C'est un mécanisme de survie. »

Mais c'est lors du deuxième meurtre que la série redonne à Patti toute sa vulnérabilité puisqu'elle apparaît sous les traits d'une enfant battue. Kevin comprend alors qu'il ne pourra se débarrasser d'elle qu'en y laissant un peu de son âme. Quand il la mène vers un puits pour l'y jeter, il hésite, visiblement déchiré par la tâche à accomplir. La petite Patti, qui sait ce qui l'attend, lui demande pourquoi il ne passe toujours pas à l'acte. « Parce que j'ai de la peine pour toi », lui répond-il. À travers la fillette, Patti révèle alors l'étendue de sa haine d'elle-même : « Est-ce que ça t'aiderait si je te disais que je le mérite ? » Kevin, qui a enfin de l'empathie pour celle qui le hante depuis deux saisons, lui répond, bouleversé : « C'est faux. »

Jenny Schecter (*The L Word*)

La sixième et ultime saison de *The L Word* s'ouvre sur un drame : Jenny Schecter, l'héroïne de cette série sur un groupe de lesbiennes résidant à Los Angeles, a été retrouvée morte dans la piscine de ses amies Bette et Tina. Pendant toute cette saison, qui revient sur les semaines précédant son décès, les fans et les critiques se poseront une seule et même question : « *Who killed Jenny ?* » (ou, pour reprendre la formulation de Pride.com : « Qui a tué cette connasse de Jenny ? »). La série, qui a progressivement dérivé vers des rebondissements de soap opera de plus en plus invraisemblables, n'avait jamais poussé le curseur aussi loin. Pourtant, au moment où le corps de la jeune femme est retrouvé, l'idée que quelqu'un l'ait tuée ne semble plus si farfelue. Qu'a pu faire Jenny Schecter pour que l'une de ses amies ait envie de la zigouiller ? Est-elle une antagoniste qu'il fallait détruire à tout prix ? Pas vraiment. Enfin, si, mais c'est compliqué.

La série commence à travers le regard de Jenny, alors qu'elle espionne l'irrésistible Shane et l'une de ses conquêtes à travers la palissade de son jardin. Jeune écrivaine originaire du Midwest, elle vient de s'installer à Los Angeles pour rejoindre son petit ami Tim. Jolie comme un cœur, introvertie et cachée derrière son immense frange de cheveux noirs, elle débarque dans le quartier très gay de West Hollywood et pose ses grands yeux bleus émerveillés sur ses nouvelles voisines et leur groupe de lesbiennes. Alors qu'elle tente de s'intégrer à une soirée, elle a un coup de foudre pour la magnifique Marina. Leur aventure illicite marquera l'entrée de

Jenny dans le monde des lesbiennes, et l'adieu à son hétérosexualité. Dans les premières saisons, on la voit progressivement éclore et prendre confiance en sa propre sexualité.

Dès le départ, les défauts du personnage sont apparents – et c'est tout à l'honneur de *The L Word*, série pionnière pour la représentation des lesbiennes dans la pop culture, qui n'a pas hésité à faire de son héroïne une femme complexe et ambivalente. Comme Piper Chapman dans *Orange Is the New Black*, Jenny est la novice qui nous fait pénétrer dans l'univers de la série, avant de vite devenir insupportable et révéler une galerie de personnages bien plus attachants (et moins narcissiques) qu'elle. Il faut dire qu'elle est dépeinte, dès les premiers épisodes, comme une artiste torturée dont la noirceur extrême, rarement égalée à la télé, peut sembler repoussante (pour tenter de récupérer Tim après l'avoir trompé, elle lui écrit un texte dans lequel elle déclare vouloir lui offrir ses organes en putréfaction). Dans son entourage, on la surnomme ironiquement « princesse des ténèbres » et on la qualifie de tarée, de lunatique, de psychotique et de dérangée. C'est, pour citer Mia Kirshner, l'actrice qui l'incarne, « un personnage très méprisable, qui ment, trompe, traite les autres de manière horrible sans aucune raison, qui est égoïste, complaisant, et aussi terriblement honnête… Comment peut-on l'aimer ? Elle est maléfique». Avec ses manières exagérées, son allure frêle et sa voix fluette, elle se pose constamment en victime, mais laisse un champ de ruines partout où elle passe. Et lorsqu'elle est à son tour trompée par Carmen, elle prend un malin plaisir à la torturer psychologiquement et la faire culpabiliser, au lieu de lui demander des explications.

Contrairement à d'autres femmes citées dans ce chapitre, Jennifer Schecter n'a jamais tué quelqu'un de sang-froid. Pourtant, dès que l'idée d'un volet sur les psychopathes nous est venue, Jenny a été une évidence. Pourquoi ? À cause d'un développement scénaristique qui, à partir de la quatrième saison, la transforme en une folle furieuse si dérangée que même le Joker lui dirait qu'elle en fait un peu trop.

Dans cette saison de *The L Word*, Jenny, qui vient de publier son premier livre, reçoit une critique assassine de la journaliste Stacy Merkin. Outrée, elle élabore une vengeance à la fois machiavélique et complètement stupide : elle adopte un vieux chien à la SPA et l'emmène se faire piquer chez une vétérinaire qui n'est autre que Lindsey, la petite amie de la journaliste. Jenny va ensuite séduire Lindsey et tenter de briser leur couple, jusqu'à ce que son plan saugrenu soit révélé.

Pour beaucoup de fans, c'est le moment où *The L Word* a *jumped the shark*[1], et où Jenny est passée d'héroïne sombre et un peu compliquée à connasse insupportable, dans un revirement difficile à avaler d'un point de vue scénaristique. À partir de là, et jusqu'à la fin de la série, elle se comportera presque exclusivement comme un monstre d'arrogance et de mépris, dans une transformation radicale qui donnerait le tournis à Walter White. Toujours accompagnée d'un loulou de Poméranie (à qui elle donne le nom du chien qu'elle avait fait piquer...) et vêtue de tenues extravagantes, elle se lance dans la réalisation d'un film inspiré par sa découverte de l'homosexualité (*The L Word* accumulant ainsi les couches méta avec autant de légèreté qu'un gros plat de lasagnes). Devenue cinéaste, Jenny se met subitement à maltraiter et insulter tout le monde, et fait preuve d'une mesquinerie caricaturale. Ce développement abrupt est d'autant plus regrettable qu'il renforce un cliché déjà bien présent dans la pop culture : celui de la « lesbienne psychotique » (de *Rebecca* à *Black Swan*), un stéréotype dangereux qui

1. Ce concept, qui fait allusion à l'épisode de *Happy Days* où Fonzie saute en jet ski par-dessus un requin, signifie l'abandon de toute cohérence scénaristique dans une série. C'est le moment où l'intrigue déraille, entraînant une chute de qualité du programme.

contribue à associer l'homosexualité à une forme de déviance et de malhonnêteté.

Mais il faut l'avouer, c'est aussi le côté théâtral de Jenny qui la rend réjouissante, et son attitude de bitch ultime lui permet de créer certains des meilleurs moments comiques de la série. Comme lors d'un match de basket amical, où elle se balade un café à la main en pleine partie et refuse qu'on lui passe le ballon, avant de s'asseoir au bord du terrain pour fumer une cigarette en arborant ses gigantesques lunettes de soleil. Ou lors d'un repas de mariage avec des inconnus, quand on lui dit qu'elle semble perdue dans ses pensées : « Je suis en train de penser à quand j'avais douze ans et que je me masturbais vingt fois par jour, et je me demande si je dois en faire de la fiction ou, genre, une chronique dans le style du *New Yorker*. » Jenny est trop : trop sombre, trop névrosée, trop narcissique, trop tarée. Elle est merveilleusement outrancière et s'excuse rarement d'être qui elle est. C'est en fait une des premières vraies anti-héroïnes de la télévision : ses défauts ne sont pas de mignonnes et inoffensives excentricités, ce sont des tares tellement repoussantes qu'elles ont peut-être mené à son meurtre.

Elle reste aussi l'un des personnages les plus dark du petit écran, et sa noirceur peut parfois s'avérer libératrice. Au fil de la série, on la voit énormément souffrir et batailler contre de graves problèmes de santé mentale. Dans la saison 2, la jeune femme fait face aux souvenirs traumatiques d'une agression sexuelle vécue à l'adolescence. Pour reprendre le pouvoir sur sa propre sexualisation, elle se fait engager dans un club de strip-tease miteux où elle se montre nue sur scène, défiant les hommes de son regard glacial. À la fin de la saison, la jeune femme commence à se scarifier, et l'on apprend dans les épisodes suivants qu'elle a brièvement été internée en clinique psychiatrique.

Dans le podcast *PANTS*, animé par les deux actrices de *The L Word* Leisha Hailey et Kate Moennig, Mia Kirshner, l'interprète de Jenny, raconte qu'elle a elle-même subi une agression sexuelle et qu'à l'époque la série « était vraiment un bon vecteur pour déverser toute [sa] rage ». Jusqu'au bout, c'est cette rage effrontée qui fait de Jenny un personnage grisant. Derrière son apparence de poupée brisée, elle enchaîne les « *Fuck !* », refuse tous les compromis, rentre systématiquement dans le tas et se venge brutalement de ceux qui l'ont offensée. Au bout du compte, c'est peut-être Shane, sa coloc devenue meilleure amie puis amante, qui l'a le mieux cernée : « Je pense que tu es une vraie survivante. »

Si l'on pardonne beaucoup à Jenny, c'est aussi parce que Mia Kirshner, qui jouait également l'assassine Mandy dans *24 heures chrono*, livre une performance magnétique du début à la fin de la série. D'une intensité folle, l'actrice confère aux moments de comédie une délicieuse exagération et aux moments dramatiques une émotion à fleur de peau. Aujourd'hui, après de multiples revisionnages, Jenny Schecter reste une énigme délirante que l'on adore détester, et un naufrage télévisuel que l'on observe avec jubilation.

Les traîtresses

Ce livre, nous l'avons écrit comme une déclaration d'amour à la féminité imparfaite, aux femmes compliquées, bref, aux femmes tout court. Si porter un regard bienveillant sur des personnages antipathiques, repoussants ou déséquilibrés peut relever du défi, il y a un groupe plus difficile encore à réhabiliter : celui des femmes qui trahissent les autres femmes. Pire, les anti-héroïnes de ce chapitre utilisent volontiers le féminisme pour faire avancer leur carrière et défendre leurs intérêts, tout en sacrifiant les femmes qui les entourent.

En 2014, Sophia Amoruso, la fondatrice de la boutique en ligne Nasty Gal, publiait son livre autobiographique *#GIRLBOSS* et faisait entrer le terme dans la postérité. Pendant les années qui ont suivi, la figure de la girlboss, cette cheffe d'entreprise qui promettait d'élever les autres femmes à travers son succès, est devenue le symbole d'un féminisme grand public et attrayant. Seul souci : en 2015, l'entreprise de Sophia Amoruso a été visée par des plaintes pour discrimination et licenciements abusifs. Une ancienne employée, notamment, affirme avoir été licenciée après avoir annoncé sa grossesse. De quoi ternir l'image féministe que l'entrepreneuse s'était créée. La fondatrice de Nasty Gal n'est d'ailleurs pas la seule girlboss autoproclamée à avoir été accusée d'hypocrisie. En 2020, en plein mouvement Black Lives Matter, plusieurs cheffes d'entreprises qui surfaient sur l'*empowerment* féminin (comme la fondatrice de The Wing, un espace de coworking réservé aux femmes), ont dû démissionner après avoir été accusées de discrimination par des employées.

C'est ce genre de double discours qui est visé à travers un personnage comme celui de Shiv Roy, dans *Succession*, seule fille d'un magnat des médias, qui se revendique féministe mais tourne le dos à ses principes quand ça l'arrange. Ou Selina Meyer (*Veep*), qui aime se placer en exemple de réussite féminine mais méprise toutes les femmes – la vice-présidente de *Veep* puise aussi une partie de son ADN dans une personnalité comme Margaret Thatcher, érigée en symbole par son propre camp mais qui se moque bien de la cause des femmes dans sa politique.

Des femmes qui détestent les femmes et aimeraient briller seules dans un monde d'hommes, nous en connaissons toutes et tous. Et si l'on porte un regard bienveillant sur les autres personnages féminins mentionnés dans ce livre, il n'en est rien pour Selina et Shiv. Elles nous choquent, elles nous exaspèrent, elles nous divertissent. Les séries dans lesquelles elles apparaissent ne les considèrent d'ailleurs pas avec beaucoup de bienveillance, non plus. Elles les raillent et les éviscèrent. Et c'est justement pour ça qu'on aime tant les regarder.

Selina Meyer (*Veep*)

Les femmes sont-elles des hommes politiques comme les autres ? Cette question, devenue un marronnier des périodes électorales, *Veep* y répond à sa façon à travers le personnage de Selina Meyer, incarné par Julia Louis-Dreyfus. Dans les premières saisons de la série satirique américaine, Selina est vice-présidente des États-Unis, un rôle majeur mais souvent ingrat de l'échiquier politique américain. Par définition, la personne à ce poste évolue dans l'ombre du président. Le gag le plus récurrent des premiers épisodes de *Veep* est d'ailleurs une question que la politicienne pose plusieurs fois par jour à sa secrétaire : « Est-ce que le président a appelé ? » La réponse est systématiquement

« non ». Écartée du cercle décisionnaire, Selina s'évertue à pousser des projets de loi qui ne voient jamais le jour, et son existence dans la presse américaine se limite à des articles sexistes sur sa prétendue rivalité avec la Première dame. Pourtant, ses valeurs morales et ses compétences valent bien celles de ses collègues masculins – c'est-à-dire pas grand-chose.

Selina brille avant tout par son opportunisme. Après sept saisons de *Veep*, même le téléspectateur le plus attentif aurait du mal à résumer les convictions de la politicienne tant elle retourne sa veste au gré des événements. Alors que le président s'est exprimé publiquement contre l'avortement, elle doit décider quelle sera sa propre position sur le sujet. Qu'importe qu'elle soit en réalité pro-choix, ce qui compte, c'est l'impact de sa décision sur l'électorat. Après une nuit entière à réfléchir à sa déclaration avec ses équipes, elle finit par opter pour le flou politique, recyclant une phrase dénuée de sens qu'elle avait écrite dans son livre : « La liberté signifie la liberté de choisir d'être libre de protéger celle des autres. »

Le cynisme de Selina Meyer est l'un de ses traits de personnalité les plus drôles. Après une énième déconvenue électorale, la politicienne s'énerve : « Non mais je rêve ! Tu te plies en quatre pour te mettre au service des gens, et ils te plantent. Et pourquoi ? Parce qu'ils sont ignorants et cons comme des balais. Et c'est ça, la démocratie ! » Cette misanthropie n'est pas seulement le fruit d'une frustration passagère : la seule personne que Selina aime vraiment, c'est elle-même. Les hommes ? « Ils sont tous abominables. » Sa mère ? « Une narcissique maladive. » Quant à sa fille, elle est la cible de ses sorties les plus cruelles. Lorsqu'on lui apprend que la jeune femme est alitée car son utérus est « déficient », Selina s'amuse : « Après tout, je ne vois pas pourquoi son utérus serait différent du reste. »

Mais le groupe que Selina méprise le plus, ce sont les femmes. Narcissique et mesquine, la politicienne ne cherche pas à faire avancer la cause féminine à travers son parcours. Son plus grand désir est au contraire d'être la seule femme au pouvoir, dans un univers dominé par les hommes. Sa devise est simple : « Les hommes détestent les femmes, les femmes se détestent elles-mêmes. » Stratège, elle n'hésite pas à utiliser le féminisme quand cela l'arrange. Pour éliminer un adversaire politique, elle persuade la secrétaire de ce dernier de l'accuser à tort d'abus sexuels pour ruiner ses chances aux élections. « Je n'aime pas voir des femmes intelligentes sacrifier leur carrière en politique pour des hommes puissants qui les voient comme une fente facile », assène-t-elle à la jeune femme pour la convaincre.

C'est justement sa misogynie qui va enfin lui ouvrir les portes du pouvoir. Lors d'un débat aux primaires de son parti, elle s'emporte contre une adversaire noire et plus jeune qui propose de réformer le système de justice sociale : « Au sujet de la justice, sénatrice : quand j'ai débuté ma carrière d'avocate, je n'avais pas besoin de répéter toutes les dix secondes que j'étais une femme. Parce que je ne pouvais jamais l'oublier. J'ai continué à sourire malgré les mains aux fesses et les réunions secrètes au golf auxquelles je n'étais pas invitée. Et si vous commenciez par remercier les femmes comme moi, qui vous ont préparé le terrain ? Et si, pour une fois, vous arrêtiez de geindre et vous vous comportiez en homme ? » Son petit discours est si populaire auprès des électeurs qu'elle finit par en faire son slogan de campagne : « *Man up !* » (« Comportez-vous en hommes ! ») Une stratégie qui lui permet enfin de réaliser son rêve et d'accéder au Bureau ovale. Car, comme elle le dit si bien : « Dieu bénisse l'Amérique, qui déteste les femmes presque autant que moi. »

Siobhan « Shiv » Roy (*Succession*)

Tout est dans son nom. Siobhan Roy (interprétée par Sarah Snook) est surnommée Shiv par sa famille et ses proches et, en anglais, ce diminutif est aussi le nom donné au surin, un type de poignard fabriqué avec les moyens du bord par les détenus en prison. Comme lui, Shiv est tranchante, dure et parfois létale. Seule fille du clan Roy, elle est en concurrence permanente avec ses frères pour l'affection et l'approbation du patriarche, Logan, un milliardaire cruel et calculateur qui refuse de nommer son successeur. Et dans ce jeu de pouvoir, la trentenaire ne recule devant rien. Quand Kendall, son aîné, part en guerre contre Logan après des années d'abus, Shiv diffuse une lettre publique où elle assassine la réputation de son frère, l'accusant d'être un « drogué », un « menteur en série » et un « père absent ». Sa missive est tellement dévastatrice et déloyale que ses deux autres frères, pourtant loin d'être des saints, refusent de la signer et la qualifient de « carte de vœux de l'Enfer » et de « peloton d'exécution en Times New Roman ».

Et encore. La première victime de Siobhan n'est pas Kendall, mais l'homme qui partage sa vie. Tom Wambsgans est un employé opportuniste et servile de Waystar Royco, l'entreprise des Roy, que Shiv épouse au cours de la série. Dès leurs premières apparitions ensemble, une chose est claire : ils ne jouent pas dans la même ligue et chacun en est cruellement conscient. Issu de la classe moyenne, obséquieux et ringard, Tom est prêt à tout pour intégrer l'univers des Roy, même à se faire marcher dessus par sa compagne. Shiv ne prête jamais attention à ses confidences, se moque ouvertement de lui avec ses frères (« Il est radin et n'a aucun goût ! »), et le trompe alors qu'ils viennent de se fiancer.

Elle finit par lui avouer ses infidélités en pleine nuit de noces et lui propose d'être un couple libre alors que son nouveau mari pensait s'être engagé dans une relation exclusive. Quand la famille et les dirigeants du groupe sont réunis pour désigner un bouc émissaire qui assumera la responsabilité d'un scandale interne et risquera la prison, le nom de Tom est vite évoqué. Au lieu de défendre son mari, Shiv prend la parole, sous les yeux ébahis de ce dernier, pour approuver ce qui lui semble être « un choix logique ». Tout au long de la série, Tom encaisse ainsi les méchancetés de sa femme, qui s'en donne à cœur joie et va jusqu'à lui dire, lors des préliminaires les plus gênants de l'histoire de la télé, qu'elle « ne [l']aime pas » et qu'il n'est « pas assez bien pour [elle] ».

Le sadisme de Shiv est d'autant plus saisissant que, lorsqu'on fait sa connaissance au début de *Succession*, elle semble être la boussole morale de la série. Pragmatique et volontiers critique des activités familiales, elle mène alors une carrière de consultante politique de gauche, tandis que ses frères rivalisent d'immaturité et tentent de se faire une place au sein de l'entreprise paternelle – un groupe ultraconservateur qui rassemble des médias populistes, des croisières et des parcs d'attraction. Sa première trahison, Shiv va la commettre contre les valeurs qu'elle prétend défendre. Au fil des épisodes, on comprend que son engagement politique est avant tout une façon pour elle de gentiment se rebeller contre son père, sans pour autant menacer sa relation privilégiée avec lui. Malgré ses remarques acerbes sur sa famille, elle reste, au fond, une fille à papa milliardaire, davantage définie par son hypocrisie et son mépris de classe que par une quelconque droiture idéologique. Après que le candidat qu'elle conseille – un homme politique de gauche inspiré par Bernie Sanders – serre la main d'un électeur dans la rue, elle lui offre du gel hydroalcoolique et s'amuse : « C'était quand la dernière fois que vous avez touché un prolo ? »

Incarnation de la girlboss capitaliste, Shiv affiche un féminisme factice et opportuniste. Si elle aime souligner les différences de traitement entre elle et ses frères, elle est prête à sacrifier d'autres femmes lorsque ses intérêts et ceux de sa famille sont menacés. Dans la deuxième saison, l'entreprise de son père est le théâtre d'un scandale. Plusieurs employées accusent un ancien dirigeant de harcèlement et d'agressions sexuelles sur les croisières du groupe. Alors que l'une d'entre elles s'apprête à témoigner devant le Congrès américain, Shiv l'aborde pour l'en dissuader, se positionnant en alliée tandis qu'elle égrène une série d'arguments pour la réduire au silence : « L'avantage, c'est que de nombreuses personnes vous soutiendront. On chantera vos louanges, on vous encouragera. Mais le reste du monde, en face, les gens normaux, ils ne vous croiront pas. Ils diront des choses affreuses. Ils vous traiteront de traînée, de prostituée, de femme vénale. Votre vie sera saccagée. […] À partir de demain, c'est tout ce que vous serez. Vos petits-enfants, les gens que vous croiserez pendant vos vacances, quand ils chercheront votre nom sur Internet, ils trouveront des pages d'insultes et de mensonges. Ce sera la première phrase de votre nécrologie, et la dernière. » Son argumentaire a l'effet escompté : la victime retire son témoignage et l'affaire ne prend pas toute l'ampleur qu'elle aurait pu avoir. Avec cette scène, tous les spectateurs qui avaient encore un doute sur l'intégrité de Shiv ont été fixés. Loin de se rebeller, elle reproduit en réalité les mécanismes pervers de son père et exploite les faiblesses de tous ceux qui l'entourent. Derrière son apparente pureté morale, la seule femme du clan Roy est aussi cynique et impitoyable que le reste de sa famille.

Les mauvaises victimes

Il suffit d'ouvrir l'onglet « *True crime* » de Netflix pour s'en apercevoir : le plus souvent, ce qui intéresse les gens dans les histoires de crimes, ce ne sont pas les victimes, mais les criminels. Le célèbre serial killer américain Ted Bundy a ainsi droit à un documentaire sur sa vie, narré de sa propre voix, dans lequel ses victimes sont réduites au statut de figurantes interchangeables. Ce type de récits sensationnalistes de violence contre les femmes ne laisse presque jamais la parole aux premières concernées. Alors qu'on plonge dans la psyché de leur violeur ou de leur meurtrier, on ne s'attarde que rarement sur leur vie à elles, leur personnalité ou, pour celles qui ont survécu, sur leur traumatisme.

Ce mépris de l'expérience et de la parole des victimes existe à tous les niveaux de la société et a de lourdes conséquences sur la prise en charge des violences sexuelles. Selon le rapport d'enquête « Cadre de vie et sécurité » de 2019, sur la période 2011-2018, seulement « 17 % des victimes d'un viol ou d'une tentative de viol déclarent avoir déposé plainte ». Afin d'expliquer aux autorités leur non-déplacement, les victimes déclarent notamment, pour 72 % d'entre elles, que « cela n'aurait servi à rien » et pour 56 % qu'elles voulaient « éviter des épreuves supplémentaires »[1]. Celles qui font la démarche de déposer plainte se heurtent souvent à une mauvaise prise en charge au commissariat. En septembre 2021, sur Twitter, la militante féministe Anna Toumazoff relayait l'expérience d'une femme de dix-neuf ans : « Au commissariat central de Montpellier, on demande aux victimes de viol si elles ont joui », « On explique aux victimes de viol qu'une personne qui a bu est forcément consentante », « On refuse de recevoir des victimes de viol en raison de leur tenue ». Cette série de tweets a donné naissance à la campagne #DoublePeine. En tout juste deux semaines, la militante avait reçu plus de 400 témoignages de victimes de violences sexuelles qui dénonçaient la manière dont elles avaient été traitées au commissariat.

---

1. Source : Camille Vanier, « Le non-déplacement des victimes auprès des autorités suite à des violences sexuelles » (d'après l'enquête « Cadre de vie et de sécurité » 2011-2017), Observatoire national de la délinquance et des réponses pénales, *Flash'crim*, n° 24, septembre 2019.

Fidèlement adaptée d'une histoire vraie, la série Netflix *Unbelievable* s'intéresse justement à la prise en charge des victimes de viol, à travers l'histoire de Marie, une jeune femme de dix-huit ans violée chez elle par un inconnu en 2008. Marie fait tout ce que les autorités recommandent aux victimes de faire : elle appelle immédiatement la police, subit une série d'examens médicaux, est auditionnée à plusieurs reprises. Pourtant, et sans raison apparente autre que l'idée qu'ils se font de la jeune femme, les policiers décident de ne pas poursuivre l'enquête et poussent Marie à retirer sa plainte. Sous pression, l'adolescente déclare avoir menti et est poursuivie et condamnée pour fausses déclarations. Elle perd son travail suite à l'affaire. Son agresseur, qui était bien réel, ne sera arrêté que trois ans plus tard, après avoir violé cinq autres femmes.

En 2017, #MeToo a laissé espérer une nouvelle ère dans la façon de considérer les victimes de violences sexuelles. Mais cinq ans plus tard, force est de constater que porter plainte et faire entendre sa parole reste périlleux et traumatisant. À la télé, la représentation des récits de victimes est toujours rare (ces dernières années, on peut citer *Top of the Lake*, *Big Little Lies*, *Jessica Jones* ou encore *The Virtues*, qui a la particularité de parler d'une victime masculine). Et la fascination démesurée de la pop culture pour les agresseurs persiste. Dès lors, raconter en détail les émotions contradictoires et la vie intime d'une victime de viol est un acte révolutionnaire en soi.

Deux séries ont été particulièrement marquantes dans ce domaine. En 1990, *Twin Peaks* s'intéressait au traumatisme de l'inceste à travers Laura Palmer. Blonde, angélique, populaire, Laura était la figure de la victime « idéale », comme les affectionnent justement les récits de *true crime*. Le brio de *Twin Peaks* est d'aller au-delà du cliché pour offrir un portrait nuancé et profondément humain d'une adolescente face à son traumatisme. En 2020, Michaela Coel s'inspirait de sa propre histoire pour nous offrir le récit d'Arabella, droguée puis violée dans un bar, et de sa reconstruction, dans *I May Destroy You*. Entre les deux séries, trente ans et la preuve que les représentations, lentement, évoluent. *Twin Peaks* était un récit écrit et réalisé par des hommes, centré sur une victime blanche et reine de beauté américaine, tuée avant que la série ne commence. *I May Destroy You* est l'histoire de résilience d'une jeune Britannique noire, qui prend en main son « après » et trouve le moyen de survivre.

Laura Palmer (*Twin Peaks*)

Laura Palmer était parfaite. Reine de beauté, en couple avec le plus beau mec du lycée, prof particulière pour enfants handicapés, impliquée dans des œuvres caritatives locales… Son sourire d'ange, immortalisé par une photo de classe, veille sur chaque épisode de *Twin Peaks* (et sa suite, *The Return*), dans les génériques de début et de fin, mais aussi dans les couloirs du lycée et sur les tables de chevet de bon nombre de personnages. Dans les deux premières saisons de la série, son prénom et son thème musical résonnent comme un mantra. Laura est le symbole absolu du bien, la lumière qui s'oppose aux ténèbres qui rôdent dans les bois de la ville. Mais on ne rencontrera pas vraiment Laura Palmer dans la série originelle, diffusée entre 1990 et 1991. Pas vivante, en tout cas. L'adolescente a été violée et tuée brutalement, et la série démarre sur la découverte de son cadavre, déposé sur une rive, emballé dans du plastique.

Sa mort résonne à travers toute la série. Alors que la police locale, aidée de l'agent spécial du FBI Dale Cooper, avance dans ses découvertes, les secrets de Laura réapparaissent et dressent le portrait d'une jeune fille plus compliquée qu'il n'y paraît. Non, Laura n'était pas parfaite : prostituée, accro à la cocaïne, infidèle, colérique, elle multipliait les amants et les comportements à risque. Elle était chaotique, « perturbée », à tel point que certains habitants de Twin Peaks, sans aller jusqu'à dire qu'elle l'avait bien cherché, sous-entendent d'un air résigné que son destin tragique n'aurait dû surprendre personne.

Laura est morte avant même que *Twin Peaks* n'ait commencé, pourtant, elle est plus complexe et importante que certains personnages féminins ayant eu droit à douze saisons d'intrigue. Il faut attendre le film *Twin Peaks : Fire Walk with Me*, qui retrace les derniers jours de l'adolescente, pour assister à la déconstruction complète de cette figure quasi mythique érigée par la série et par les fans. Tout au long du film, l'héroïne, violée par son père depuis ses douze ans, adopte des comportements qui peuvent sembler irrationnels ou injustifiés : victime de sautes d'humeur terrifiantes, elle fait aussi preuve d'une grande promiscuité sexuelle, aguiche des hommes plus âgés dans des bars et se livre à plusieurs scènes de dépravation très difficiles à regarder. Avec une représentation très crue et dérangeante de la sexualité de Laura, de sa souffrance insoutenable et de la violence sexuelle dont elle est victime à répétition, le film de 1992 est l'un des rares à s'emparer pleinement de cette thématique complexe au cinéma : il avait pour objectif, selon David Lynch, de dépeindre « la solitude, la honte, le sentiment de culpabilité, la confusion et le désespoir d'une victime d'inceste ».

Alors que trente ans plus tard les clichés sur le viol doivent encore être déconstruits, *Fire Walk with Me* dépeint la dissociation de la jeune femme sous toutes ses formes, même les plus incommodantes. Laura est un tourbillon qui dévaste Twin Peaks et ses habitants : vulnérable, enragée, bouleversée, euphorique, désemparée, elle tente par tous les moyens de reprendre le contrôle sur sa vie et son corps – quitte à le détruire. Ce portrait brut d'un sujet infiniment tabou a d'ailleurs recueilli l'adhésion et la reconnaissance de nombreuses victimes de viol et d'inceste. Le livre *Laura's Ghost: Women speak about Twin Peaks*, publié en 2020, donne la parole à plusieurs survivantes. L'une d'entre elles affirme avoir changé d'avis sur le film (très controversé à sa sortie) après avoir été violée par son partenaire. Une autre dit s'être retrouvée dans les problèmes d'addiction, la promiscuité sexuelle et les tendances suicidaires de Laura. L'autrice interroge aussi Sheryl Lee, l'interprète de Laura Palmer, qui raconte avoir recueilli de nombreux témoignages de fans qui avaient reconnu leur propre trauma dans celui de Laura.

De son premier épisode révolutionnaire[1] en 1990 à sa saison *sequel* sortie en 2017, *Twin Peaks* s'est toujours attachée à dépeindre le cycle de la violence (il est fortement sous-entendu que Leland, l'agresseur de Laura, avait lui-même été agressé dans son enfance),

1. Avec sa narration et son atmosphère si particulières, *Twin Peaks* a inspiré un nombre incalculable de séries, des *Soprano* à *X-Files* en passant par *The Leftovers*.

ainsi que la difficulté d'y mettre fin. Le calvaire subi par Laura est le péché originel qui salit la ville pittoresque de Twin Peaks et ronge l'âme de ses habitants. Dans *Twin Peaks : The Return*, la saison *sequel*, on découvre même les ramifications cosmiques, philosophiques et politiques d'une telle violence. Encore aujourd'hui, peu d'œuvres sont allées aussi loin dans la représentation implacable des violences sexistes et de leurs conséquences. À part peut-être une…

Arabella Essiedu (*I May Destroy You*)

Certaines des anti-héroïnes de ce livre sont antipathiques ou détestables. Ce n'est pas le cas d'Arabella. Solaire, vive et charismatique, elle est plutôt du genre à immédiatement remporter notre affection. Mais toute l'idée de ce *Petit éloge* était de rendre hommage aux personnages qui ont élargi et complexifié la représentation féminine à l'écran. Il nous paraissait dès lors inconcevable de ne pas parler de la protagoniste de *I May Destroy You*, série révolutionnaire sur la culture du viol.

Arabella est une jeune Londonienne d'une vingtaine d'années à la carrière littéraire naissante. Après s'être fait connaître sur Twitter, elle a publié un premier livre et travaille désormais sur le second. Fêtarde, « un peu paumée », elle est aussi experte en procrastination et se retrouve, moins de douze heures avant la deadline de remise de son manuscrit, à googler « comment écrire rapidement ». Comme cette méthode ne porte pas ses fruits, elle décide d'aller prendre un verre avec des amis et de rentrer une heure plus tard pour finir son travail. Le lendemain matin, Bella est de retour devant son ordinateur avec une blessure sur le front, un téléphone cassé et un énorme trou de mémoire. Par moments, une image apparaît devant ses yeux : elle y voit un homme, penché au-dessus d'elle dans les toilettes d'un bar, qui « fait un truc chelou ». D'abord perdue, la jeune femme comprend peu à peu que sa soirée ne s'est pas passée comme prévue et qu'elle a été droguée. Mais ce n'est qu'au moment de sa déposition au commissariat qu'elle prend pleinement conscience que « l'homme dans sa tête » n'est pas une apparition mais un souvenir de sa nuit précédente. Dans une scène déchirante, la Londonienne, qui affichait jusqu'alors un scepticisme teinté de déni, s'effondre en larmes devant les enquêtrices quand elle comprend qu'elle a été violée.

I May Destroy You a été écrite et réalisée par Michaela Coel, qui interprète aussi le rôle principal. Comme Bella, la scénariste a été droguée, puis violée, alors qu'elle prenait un verre un soir où elle travaillait sur la deuxième saison de sa série *Chewing Gum*. Et comme pour Bella, le violeur de Michaela

Coel n'a jamais été identifié ou arrêté. Au micro du podcast *The Economist Asks*, la créatrice a expliqué sa démarche en écrivant la série : « Ce que j'explore, c'est ce qui vous arrive, à vous la victime ou la survivante d'une telle agression, quand vous n'avez personne sur qui vous venger. Et comment ce traumatisme affecte Bella et les autres personnages de la série psychologiquement. »

Le résultat est une œuvre bouleversante et profondément singulière. D'abord du fait de son point de vue : celui d'une femme noire, qui nous plonge dans les tréfonds de sa psyché et de son intimité – une perspective encore bien trop rare à la télé. Mais *I May Destroy You* est aussi remarquable pour son exploration de la reconstruction d'une victime de viol. La série accompagne Bella pendant l'année qui suit son agression et aborde avec nuance le cheminement compliqué de la jeune femme pour survivre à son traumatisme. À travers ce récit, elle montre qu'il n'y a pas de « victimes parfaites », juste des personnes qui tentent comme elles peuvent de s'en sortir.

Comme beaucoup de survivantes, Bella lutte avec son statut de victime et tente de relativiser l'ampleur de ce qui lui est arrivé pour se forcer à aller mieux. Elle raconte ainsi à sa thérapeute : « Quand je suis seule et que ça ne va pas, je répète "il y a des enfants qui ont faim, il y a des enfants qui ont faim, il y a des enfants qui ont faim, il y a une guerre en Syrie, il y a une guerre en Syrie, il y a une guerre en Syrie", ou bien "tout le monde n'a pas un smartphone, tout le monde n'a pas un smartphone, tout le monde n'a pas un smartphone". » (Malgré son sujet très lourd, la série manie à merveille l'humour noir.)

Quand elle raconte son agression au garçon qu'elle fréquente depuis quelques mois – un dealer italien qui aime faire la morale à notre héroïne –, celui-ci lui reproche de ne pas avoir été assez prudente : « Si tu avais surveillé ton verre, tu n'aurais pas été violée ! » Bella fond en larmes dès la fin de l'appel et se confie ensuite à un groupe de parole réservé aux victimes d'agressions sexuelles : « Quelqu'un m'a dit que c'était de ma faute et peut-être que c'est le cas [...]. Je suis ici pour apprendre comment ne pas se faire violer. Il doit bien y avoir un moyen. Parce que, s'il n'y en a pas, ça veut dire qu'à tout moment quelqu'un peut me traîner derrière un buisson et ça m'arrivera à nouveau. Et je ne sais pas quel genre de monde ce serait si c'était le cas. »

La série n'a pas peur d'explorer les étapes les plus ingrates de sa reconstruction. Rongée par son traumatisme, Bella néglige ses proches et devient accro aux réseaux sociaux, où elle parle ouvertement de son viol et se transforme en porte-parole pour des milliers de survivantes. Chaque étape de sa vie est documentée sur

Twitter et Instagram, et elle va jusqu'à interrompre un rendez-vous médical pour poster une story. Lorsque son meilleur ami, Kwame, est lui aussi victime d'une agression sexuelle, il ne se confie pas tout de suite à elle et explique à leur amie commune : « Je lui dirai, mais ces derniers temps c'est difficile d'avoir son attention. J'ai l'impression qu'il faut que je tweete ou que je poste sur Instagram pour qu'elle sache que j'existe. »

L'histoire de Kwame est d'ailleurs l'une des manières par lesquelles la série aborde d'autres aspects de la culture du viol. Le jeune homme gay est un adepte des rencontres furtives avec des anonymes trouvés sur Grindr. Au cours de l'une de ces expériences, il est agressé sexuellement par un homme avec qui il vient juste de coucher. Le traumatisme silencieux du vingtenaire contraste avec celui de son amie, tout comme son expérience quand il se décide à aller porter plainte au commissariat. Là où Bella a eu la chance d'avoir affaire à deux enquêtrices compatissantes et professionnelles, Kwame, lui, se retrouve face à un policier inexpérimenté qui lui conseille de déposer plainte auprès d'une machine automatique pour éviter une conversation gênante.

I May Destroy You explore le sujet du consentement comme aucune autre œuvre auparavant, s'attardant sur les zones troubles de la culture du viol : ces moments où l'on sent que notre intégrité a été blessée sans trouver les mots pour l'expliquer. Bella elle-même, après avoir été victime de *stealthing* (le retrait non consenti du préservatif) pendant un rapport qu'elle avait initialement voulu, découvre que la définition du viol est plus large que ce qu'elle pensait.

On pourrait écrire un livre entier sur la richesse de cette série hors du commun, mais son plus grand cadeau est la fin cathartique qu'elle offre à Bella. Alors que l'enquête sur son viol a été close sans que personne soit arrêté, la jeune femme tente de tourner la page sur ce chapitre de sa vie en exorcisant son traumatisme à travers son livre. Elle envisage alors plusieurs fins alternatives, toutes explorées à l'écran. La première est un scénario classique de «*rape and revenge*», où la Londonienne retrouve son violeur, le drogue à son tour, avant de le rouer de coups et d'emporter son cadavre avec elle. Dans une autre, elle échange longuement avec lui, avant de le prendre dans ses bras et de le livrer à la police. Mais dans la conclusion qu'elle choisit finalement, elle décide d'abandonner sa quête de justice, de se libérer de son traumatisme, de ne plus essayer de trouver de réponse ou de réparation. Michaela Coel s'est confiée sur cette fin dans une interview avec le site Vulture[1] : «Moi, j'ai dû laisser tomber. J'ai dû laisser

1. E. Alex Jung, «How Michaela Coel wrote *I May Destroy You's* dreamlike ending», Vulture.com, 24 août 2020.

tomber et j'ai pris conscience que j'étais toujours en vie même si je laissais tomber, et que le traumatisme n'avait pas à me définir. Je pouvais me libérer de mon traumatisme et je serais toujours là. Le traumatisme, ça palpite, et c'est partout, et je ne veux pas dire aux gens ce qu'ils doivent faire avec leur vie, mais en ce qui concerne Arabella, ce traumatisme devient cette chose qui la nourrit, donc parfois l'idée de s'en libérer est effrayante parce qu'on ne sait pas ce que va être notre vie quand ce ne sera plus là. C'est comme se jeter du haut d'une falaise [...] mais après, on est toujours là. »

Les revêches

On sait qu'on ne devrait pas avoir de favorites, mais on doit admettre que les anti-héroïnes de ce chapitre sont sûrement celles que l'on aime le plus et avec lesquelles nous avons le plus d'affinités. Elles ont aussi été les plus difficiles à étiqueter. Parler de Nora Durst ou d'Elizabeth Jennings était une évidence dès les prémices de ce livre, mais comment les définir en un mot ? On peut d'abord dire ce qu'elles ne sont pas. Elles ne sont ni conciliantes, ni obéissantes, ni franchement sympas. Elles refusent de rentrer dans le rang et de s'aligner avec les codes traditionnels d'une féminité soumise. Et elles ne sont vraiment pas douces.

Cette absence de douceur est sûrement ce qui nous attire le plus chez elles – un homme a un jour décrit Marie comme étant « aussi douce qu'une mine de sel ». Dès l'enfance, on exige des femmes qu'elles soient souriantes, agréables et accommodantes. Gare à celles qui seraient trop froides, qui exprimeraient leur opinion avec trop de vigueur, qui refuseraient de faire la bise ou de rire à toutes les blagues. Surtout, gare à celles qui oublieraient de flatter l'égo des hommes qui les entourent en ne se montrant pas assez dociles.

Si les femmes de ce chapitre sont si grisantes, c'est parce qu'elles transgressent ces normes sans se préoccuper des conséquences. Elles intimident. Elles ignorent les conventions de la politesse en société. Que ce soit Elaine Benes, qui refuse d'être le faire-valoir des hommes de son entourage, Camille Preaker, en constante rébellion contre la féminité mortifère de sa mère, Annalise Keating, qui est en colère et qui l'assume, ou encore Nora Durst, à l'opposé de l'image parfaite de la femme endeuillée. Elles sont difficiles, elles sont pleines d'épines, elles sont revêches, et c'est bien pour ça qu'on les aime.

Elizabeth Jennings (*The Americans*)

La scène la plus romantique de *The Americans* est un arrachage de dents avec pour seul anesthésiant un shot de whisky. Elizabeth Jennings, espionne du KGB infiltrée aux États-Unis, a pris un violent coup dans la mâchoire lors d'un échange musclé avec des agents du FBI. Elle ne peut pas se rendre chez un dentiste, au risque d'être repérée par les autorités. C'est donc

Philip, son mari et partenaire d'espionnage, qui s'y colle avec une paire de pinces tout droit sortie de sa boîte à outils. Ce qui devrait être une scène de torture devient un moment d'une rare intensité entre les deux espions. Thomas Schlamme, le réalisateur de l'épisode, est d'ailleurs formel : « J'ai filmé une scène de 69 entre ces personnages, et c'était bien moins intime que cette scène. »

Créer des moments de grâce dans les situations les plus arides est l'un des plus grands talents de *The Americans*. Et son héroïne est à l'image de cette série, où rien ni personne n'est jamais ce qu'il paraît et où la cruauté cohabite en permanence avec l'émotion. Si Elizabeth et Philip sont tous les deux capables de manipuler et tuer de sang-froid – dans une scène mémorable, ils brisent ensemble les os d'un cadavre pour le faire rentrer dans une valise ! –, c'est elle qui apparaît aussitôt comme la plus glaçante et la moins humaine des deux. Là où Philip est affable, bon vivant et conciliant, Elizabeth est abrupte, impénétrable et difficile à aimer. Elle sourit rarement, ne tolère aucune déficience idéologique et est incapable d'exprimer ses émotions. Quand le couple annonce sa séparation (temporaire) à leurs enfants, l'aînée, Paige, s'emporte immédiatement contre sa mère : « C'est de ta faute ! Tu es toujours dure avec papa ! » Et alors que les espions préparent une mission périlleuse et doivent décider qui des deux prendra le plus de risques, Elizabeth propose de se sacrifier. Son argument ? « Si l'un d'entre nous tombe et que l'autre doit rester avec les enfants, tu devrais être celui qui reste, Philip. [...] Tu es celui qu'ils veulent, celui qu'ils comprennent. »

Incarnée par la sublime Keri Russell et dotée d'une garde-robe à faire pâlir la rédactrice en chef d'un magazine de mode, Elizabeth est l'image de l'idéal féminin. Mais derrière sa chevelure de rêve et sa silhouette gracile, l'héroïne déjoue en réalité les codes les plus traditionnels de la féminité. Elle n'est ni douce, ni maternelle, refuse le compromis et alimente les conflits plutôt que de les apaiser. Bref, Elizabeth est la réfutation même de l'idée selon laquelle un monde gouverné par des femmes serait plus paisible. Ses enfants, comme son mariage, font partie de sa couverture et on se demande souvent à quel point sa chorégraphie de mère banlieusarde, qui s'intéresse aux lectures de son fils en préparant ses lasagnes, est calculée ou sincère. Ses seuls moments de réelle implication parentale semblent être quand elle recrute et éduque sa fille, Paige, aux méthodes du KGB, séances de castagne et cours de filature compris.

Dans le neuvième épisode de la saison 3, une vieille dame surprend les Jennings lors d'une mission nocturne. Elizabeth, dont la couverture est compromise, sait qu'elle va devoir la tuer. L'octogénaire comprend elle aussi très vite qu'elle ne terminera pas la nuit en vie. Les deux femmes finissent par échanger, l'aînée racontant l'histoire de son mari, soldat pendant la Seconde Guerre mondiale, tandis qu'Elizabeth lui avoue être originaire de Russie. Dans une série où on ne compte plus les morts, celle-ci reste l'une des plus glaçantes. Alors que la vieille dame, qui a avalé sous la menace une dizaine de cachets, est à l'agonie, elle s'adresse une dernière fois à Elizabeth :

« Vous avez des enfants ?

– Oui

– Et c'est ce métier que vous faites ?

– Parfois.

– Pourquoi ?

– Pour rendre le monde meilleur.

– Vous pensez que me faire ça, à moi, va rendre le monde meilleur ?

– Je suis désolée, mais oui.

– C'est ce que les gens sans âme se disent quand ils font de mauvaises choses. »

Elizabeth a beau avoir quitté la Russie, elle a conservé le froid glacial de sa terre natale mais aussi sa ferveur idéologique. Elle le dit dès le premier épisode, elle préfèrerait « aller en prison, mourir ou tout perdre, plutôt que de trahir [son] pays ». Cette foi sans faille en sa patrie, moteur de toutes ses décisions, trouve ses origines dans son enfance. L'espionne a grandi à Smolensk pendant la guerre, avec pour héros un père mort à Stalingrad et pour guide une mère qui plaçait la fidélité au Parti au-dessus de tout. Elle le dit souvent, Elizabeth n'a pas eu le luxe d'avoir une enfance, ni celui de développer des états d'âme. Victime de viol pendant sa formation au KGB, elle a enfoui ce traumatisme, comme tous les autres auparavant.

Au fil des saisons, Elizabeth apprend à baisser sa garde avec Philip et à douter parfois du bien-fondé de ses missions. Malgré ces moments de vulnérabilité, l'héroïne reste jusqu'au bout l'antithèse de la douceur. À la fin de la série, Paige apprend que sa mère utilise le sexe pour obtenir des informations. Elle confronte Elizabeth et finit par lui demander si Philip « sait qu'[elle est] une pute ». La réponse de l'espionne ? « Ça ne veut rien dire pour moi. Je n'ai pas été élevée comme toi, j'ai dû me battre, toujours, pour tout. [...] Le sexe ? Qu'est-ce que c'était que du sexe ? On s'en foutait ! Ton père aussi. » Son père aussi : Philip a autant manipulé, autant couché, autant tué que sa femme. Mais avec son sourire facile et sa chaleur naturelle, il est immédiatement absous de ses fautes. Car, finalement, le plus grand crime d'Elizabeth aux yeux de son entourage et du téléspectateur, ce ne sont pas les dizaines de cadavres qu'elle laisse dans son sillage, mais plutôt sa froideur et sa brutalité, des péchés impardonnables quand on est une femme.

Camille Preaker (*Sharp Objects*)

« Tu as toujours été une forte tête, tu n'as jamais été douce. Dès le début, tu étais désobéissante. » C'est comme ça qu'Adora décrit sa fille aînée, Camille. Et dans la bouche de cette Southern belle[1] vieillissante, obsédée par les conventions et le qu'en-dira-t-on, rien de tout ça n'est un compliment. À Wind Gap, petite ville du Sud des États-Unis, on attend des filles qu'elles soient gracieuses et pures. « Des petits anges chéris, des gentilles petites filles », selon les mots choisis par l'un des personnages pour décrire à la presse deux adolescentes assassinées. Peu importe qu'elles n'aient en réalité pas été « de gentilles petites filles » : tout le monde sait qu'une bonne victime, quand elle est une femme, se doit d'être angélique et irréprochable.

Dans cet univers de féminité ultra-codifié, Camille Preaker est « une rose pleine d'épines » – toujours selon sa mère, perpétuellement indignée par le caractère rétif de sa fille. Ancienne pom-pom girl, très jolie, mais incapable de trouver sa place dans l'univers figé que sa famille aime tant. Quand on fait sa connaissance,

1. L'archétype de la Southern belle s'est développé au XIXe siècle, avant la guerre de Sécession. Il renvoie à l'image de la jeune femme idéale issue de la classe supérieure du Sud des États-Unis, souvent propriétaire de plantations.

Camille, interprétée par Amy Adams, est une journaliste à la dérive, accro à la bouteille et récemment sortie d'un séjour traumatisant en hôpital psychiatrique. Son rédacteur en chef l'envoie en reportage dans sa ville natale, endroit qu'elle évite soigneusement depuis des années, pour écrire sur le meurtre d'une jeune fille et la disparition d'une autre. Dès son retour, l'ancienne reine du lycée dérange autant qu'elle fascine. Elle est « déchaînée », « dangereuse », « froide », voire « gâchée »... Alors que les femmes de la ville masquent leur alcoolisme derrière des thés glacés ou des Bloody Mary bien chargés, Camille boit sa vodka pure, dans une bouteille Évian en plastique. Dans un océan de robes à fleurs et de décolletés, la journaliste détonne en jean noir et tee-shirt gris à manches longues. Adora la compare à sa propre mère en ces termes : « Tu es vraiment comme elle, elle montait la garde comme une sorcière. »

Un parallèle loin d'être innocent. Dans son livre *Sorcières* (La Découverte, 2018), Mona Chollet s'intéresse aux types de femmes accusées de sorcellerie et à l'héritage des chasses aux sorcières dans nos sociétés. Elle observe que les femmes ciblées par ces persécutions – parmi lesquelles beaucoup de veuves et de célibataires – avaient souvent des velléités d'indépendance, et que beaucoup refusaient la maternité. Deux éléments qui définissent aussi Camille aux yeux de la communauté locale : ses anciennes camarades de classe ne cessent de la questionner sur son absence de vie sentimentale, puis sous-entendent qu'elle ne peut pas ressentir de chagrin face aux meurtres des deux adolescentes puisqu'elle n'a pas d'enfant.

Autre point commun avec la figure de la sorcière : la journaliste se tient à l'écart de sa communauté, adoptant le point de vue d'une observatrice familière des codes établis mais incapable de s'y plier. Là où les autres femmes échangent potins et mondanités, Camille peine à esquisser un sourire. Quand ses anciennes camarades pleurent à chaudes larmes devant un film romantique, la journaliste les observe, l'œil sec et le regard dubitatif.

Si elle ne parvient pas à faire semblant, c'est justement parce qu'elle sait très bien ce qui se cache derrière ce vernis de bienséance. Les apôtres de la maternité boivent, elles aussi, comme des trous et passent leur temps à se dénigrer les unes auprès des autres. Les hommes de la ville, qui aiment tant rappeler à Camille sa sexualité d'adolescente prétendument débridée avec des blagues grivoises, l'ont en réalité violée en bande organisée. Quant à sa mère, la toujours parfaite Adora, figure maternelle idéale auprès de la communauté locale, elle torture psychologiquement et physiquement ses enfants.

La violence de cet univers, Camille se l'inflige à elle-même en se scarifiant. Des mots comme « malade », « mauvaise », « je t'emmerde », « vidée » couvrent ainsi la quasi-totalité de son corps. Un exorcisme à fleur de peau qui finit d'isoler la jeune femme, empêchant toute intimité qui risquerait de révéler les marques de ce rituel. Mais la rébellion de Camille est aussi ce qui la sauve. Sa mère l'aurait voulue docile pour lui infliger les mêmes tourments qu'à ses sœurs. C'est précisément son autonomie et sa désobéissance qui la rendent insaisissable et la maintiennent en vie.

Annalise Keating
(*How to Get Away with Murder*)

Annalise se l'entendra répéter tout au long de la série dont elle est l'héroïne, « c'est une psychopathe ». « Tu es incapable d'aimer qui que ce soit », estime Bonnie, une de ses plus fidèles alliées. « Tu es un monstre », lui dit son mari. « Tu es détraquée, tu es un cancer », lui crache Nate, son amant. Après avoir gagné un procès dans la première saison, l'avocate s'isole dans les toilettes du tribunal et entend deux femmes parler d'elle. « Elle n'est pas humaine comme nous. – Ah oui, elle est quoi alors, un animal ? – Même un animal aurait plus de cœur. » Annalise elle-même en est persuadée : « Je suis abjecte. Sans cœur. Une sociopathe. » Pourtant, l'héroïne est l'un des rares personnages de *Murder* à n'avoir jamais tué personne. En réalité, elle passe la série à protéger les autres et à leur éviter la prison.

Alors bon, il est vrai qu'Annalise a aidé à maquiller un nombre incalculable de meurtres (à commencer par celui de son mari). Elle s'arrange sans cesse avec la loi et la morale, ment, manipule et se repose sur son homme de main, une brute qu'elle surnomme « bad Frank », pour intimider ses ennemis ou faire disparaître des preuves compromettantes. Afin de sauver sa peau, elle n'hésite pas non plus à salir la mémoire d'un jeune homme qu'elle a pourtant aimé comme un fils. Elle est très viriliste, traitant régulièrement de « femmelettes » ceux qui lui semblent trop faibles. Et elle peut se montrer terriblement cruelle, même vis-à-vis de ses clients, comme avec cette jeune femme qu'elle met en garde en lui disant qu'elle sera probablement violée en prison… Alors qu'elle a détruit la réputation d'une autre femme pour remporter un procès, on lui demande : « Comment dormez-vous la nuit ? » Sa réponse : « Seule, dans des draps confortables. »

Dans une série où tous les personnages passent leur temps à comploter et tuer des gens, Annalise n'est certainement pas la pire du lot. Pourtant, c'est la seule à se voir constamment reprocher sa nature monstrueuse. Sa réputation de psychopathe, acquise bien avant qu'on ne la soupçonne d'être une meurtrière, vient surtout de son sang-froid et de son ambition. Redoutable en plaidoiries, l'avocate et enseignante ne recule devant rien pour gagner une affaire. Elle est froide, exigeante, tyrannique, rarement douce ou souriante. Le meilleur mot pour la décrire, c'est peut-être impitoyable. Chargée de défendre des personnes accusées de meurtre, elle ne se laisse jamais amadouer ni attendrir par qui que ce soit et se moque de ne pas être appréciée. Autant de traits que la société a du mal à accepter chez les femmes, et encore plus chez les femmes noires.

Ces dernières, soumises à d'impossibles exigences racistes et sexistes, se doivent d'être toujours dociles et conciliantes, sous peine d'être qualifiées d'*angry black women*, des femmes dont la colère serait perçue comme menaçante. Lorsqu'Annalise Keating s'énerve face à une procureure qui l'accuse d'avoir tué son mari, cette dernière rétorque calmement : « C'est un sacré tempérament que vous avez là, Mme Keating. Vous m'avez l'air plus que capable de tuer quelqu'un. » La rogne permanente de l'avocate nous semble pourtant légitime. Alors qu'elle a été trahie, blâmée, accusée à tort, abusée par son oncle quand elle était enfant et qu'un accident de voiture l'a fait accoucher d'un fils mort-né, sa capacité à rebondir est admirable, et sa force impressionnante, même si l'on regrette le propos parfois essentialisant de la série, qui présente la nulliparité d'Annalise comme une tare monstrueuse.

Mais ce qui rend ce personnage de femme revêche encore plus extraordinaire, c'est sa vulnérabilité. Pleine d'assurance dans un tribunal, Annalise Keating est en privé quelqu'un de profondément blessé, qui se réfugie dans l'alcoolisme pour essayer de calmer sa douleur et masque ses insécurités derrière un excès de bravade. Rares sont les épisodes dans lesquels on ne voit pas l'avocate pleurer ou se décomposer. Dans la scène la plus emblématique de cette série produite par Shonda Rhimes – encore elle ! –, on assiste en direct à la déconstruction littérale du personnage d'Annalise et de sa dureté légendaire : l'avocate tirée à quatre épingles rentre chez elle et, face à son miroir, enlève sa perruque, ses faux cils, puis se démaquille méthodiquement. Des gestes simples et quotidiens, mais un acte de télévision radical, qui met à nu une femme à qui l'on refuse la moindre faiblesse. « Le monde entier me donne l'impression que je ne suis pas bien telle que je suis. Je ne peux pas être forte tout le temps », dira Annalise à son psy.

À la fin de la série, accusée (encore une fois) d'un meurtre qu'elle n'a pas commis, Annalise décide enfin de s'assumer telle qu'elle est devant le jury : avec ses cheveux naturels, fièrement bisexuelle, et pleinement consciente de tous ses travers. « J'ai souvent mal agi. J'ai fait pression sur des témoins, j'ai fait mentir des clients à la barre, j'ai fait pleurer des étudiants, j'ai manipulé des jurés comme vous. [...] Mais je ne suis pas une meurtrière. Je suis une survivante. [...] Je suis ambitieuse, noire, bisexuelle, révoltée, triste, forte, sensible, effrayée, féroce, talentueuse, exténuée. » Dans ce monologue exalté, comme dans les six saisons de *Murder*, le personnage doit aussi beaucoup à son interprète, la légendaire et oscarisée Viola Davis, qui magnifie inlassablement le matériel (parfois mielleux ou bancal) qu'on lui fournit. Même quand on décroche ou qu'on n'arrive plus à suivre qui a tué combien de personnes, même quand l'intrigue devient plus alambiquée qu'une orgie de poulpes, on ne se lasse pas de regarder l'actrice livrer cette performance terrassante.

Elaine Benes (*Seinfeld*)

Au début de la saison 6 de *Seinfeld*, Elaine Benes se rend à un entretien d'embauche pour un poste d'éditrice, précédemment occupé par Jackie Onassis. Outre des compétences professionnelles, la recruteuse est à la recherche d'une candidate qui détiendra une qualité fondamentale : la grâce. « J'aime penser que j'ai un peu de grâce, pas autant que Jackie O, bien entendu », tente Elaine. L'autre femme l'interrompt :

« On ne peut pas avoir un peu de grâce. Soit on a de la grâce, soit on n'en a pas.

– OK, alors, disons que je n'ai pas de grâce !

– Et la grâce ne s'acquiert pas…

– Eh bien, je n'ai pas l'intention d'essayer.

– Elle ne se trouve pas au supermarché.

– OK, OK ! Je n'ai pas de grâce, je ne veux pas avoir de grâce, et je ne rends même pas grâce à Dieu ! »

Elaine n'a, effectivement, pas de grâce. Elle ne se montre douce et affable que lors de moments fugaces, souvent dans le but de séduire un homme. Le reste du temps, la New-Yorkaise est une petite boule de nerfs narquoise et bagarreuse. Du haut de son mètre soixante, elle bouscule les hommes de son entourage – parfois littéralement, puisque sa réaction fétiche quand elle est surprise est de pousser son interlocuteur des deux bras en hurlant : « Tu déconnes ?! »

Le personnage a failli ne pas exister et n'apparaît d'ailleurs pas dans le pilote de la série. Ce sont les dirigeants de NBC, la chaîne de télévision américaine qui diffusait *Seinfeld*, qui ont demandé à ses créateurs, Jerry Seinfeld et Larry David, d'ajouter une femme au groupe central. Avec une équipe 100 % masculine aux manettes, la caractérisation d'Elaine aurait pu être un désastre. C'est finalement l'une des plus grandes réussites de la sitcom. D'abord, grâce au talent comique et au charisme de son interprète, Julia Louis-Dreyfus, qui parvient à rendre charmants les défauts les plus repoussants de l'anti-héroïne. Mais aussi parce que les scénaristes ont traité Elaine comme ses compères masculins. Le personnage aurait pu être la voix de la raison au sein du groupe, une présence maternelle qui tempère les excès de ses amis. Il n'en est rien : Elaine est tout aussi mesquine, colérique et excessive que Jerry et George (Kramer évolue, quant à lui, sur une autre planète).

Son plus gros défaut est son absence totale de patience et de maîtrise de soi. Coincée entre deux stations dans le métro, elle s'embarque dans un monologue interne anxiogène et strident lors duquel elle hurle dans sa tête sur tous les gens qui l'entourent. Alors qu'elle regarde *Le Patient anglais* au cinéma, elle est tellement excédée par la lenteur du film qu'elle crie en direction de l'écran : « Abrège ton histoire débile sur le désert et décide-toi à mourir ! Crève !! » Et lorsqu'un de ses amants lui rend visite pour une semaine, elle est si impatiente de le voir repartir qu'elle risque un accident de la route pour l'emmener à temps à l'aéroport.

Son rapport aux hommes et au couple est d'ailleurs l'un des aspects les plus réjouissants du personnage. Celle qui s'exclame dans un épisode de la saison 3

« Je hais les hommes mais je ne suis pas lesbienne ! » a beaucoup de succès mais jamais de relations sérieuses. Comme Jerry, elle est capable de rompre avec un partenaire pour des raisons ridiculement futiles (l'un d'entre eux a par exemple fait l'erreur de se peindre le visage aux couleurs de son équipe de hockey préférée le temps d'un match). Elaine n'est pas obsédée par le mariage, encore moins par la maternité. Quand ses copines lui répètent inlassablement qu'elle devrait avoir un bébé, la jeune femme, excédée, finit par s'interroger : « Pourquoi ? Juste parce que je peux ? » La New-Yorkaise aime questionner les injonctions et affirmer ses convictions. Elle n'hésite pas à mettre fin à une relation (un peu à contrecœur) quand elle apprend que l'homme qu'elle pensait idéal est contre le droit à l'avortement.

Volontiers séductrice, Elaine multiplie les relations sans lendemain et assume aussi son intérêt pour le sexe. Dans « The Contest », l'un des épisodes les plus cultes de la sitcom, Jerry, George et Kramer se lancent dans une compétition pour découvrir qui pourra tenir le plus longtemps sans se masturber. Quand Elaine demande à participer, les garçons refusent dans un premier temps, objectant que « c'est plus facile pour une femme de s'abstenir ». Elle est finalement la deuxième à céder (avant Jerry et George), incapable de résister à la tentation après avoir fait une séance d'aérobic aux côtés de John F. Kennedy Jr. Si aborder de manière aussi frontale la masturbation dans une sitcom grand public en 1992 était déjà subversif, parler du plaisir solitaire féminin était tout simplement révolutionnaire. À l'image d'Elaine, à la fois charmante et odieuse, brillante et insensée, profondément complexe à une époque où peu de personnages féminins avaient ce privilège.

Nora Durst (*The Leftovers*)

The Leftovers se situe dans un monde où 2 % de la population mondiale ont subitement disparu. S'agit-il d'un ravissement divin ? Du Jugement dernier ? D'un événement surnaturel ou d'une anomalie scientifique ? Personne ne le sait, et la série, tirée d'un roman de Tom Perrotta, ne cherchera jamais à répondre à ces questions. Contrairement à *Lost*, l'autre série phare de Damon Lindelof, *The Leftovers* préfère laisser le mystère entier – comme le dit le générique de la saison 2 (*Let the mystery be*, d'Iris DeMent). C'est une série qui célèbre toutes les ambiguïtés : celles du deuil, du lien familial, de l'amour, et même celles de la vérité. On comprend alors pourquoi Nora Durst, peut-être le personnage le plus insondable de ce *Petit éloge*, est progressivement devenue le cœur battant de la série.

Celle que l'on surnomme « Nora Cursed » (« Nora la maudite ») nous est d'abord présentée comme une martyre, lors de la cérémonie commémorative de la ville de Mapleton en hommage aux disparus. La vie de la trentenaire s'est effondrée le jour du Grand Départ : en un instant, elle a perdu son mari, mais aussi ses deux enfants, Jeremy et Erin. Mais Nora ne vit pas son deuil avec grâce ou dignité. Loin d'être une sainte, elle laisse libre cours à une rage qui consume tout autour d'elle et profite de sa tragédie pour tester les limites de la pitié des autres : dans un café, elle fait exprès de renverser sa tasse par terre, pour voir jusqu'où elle peut aller sans qu'on lui fasse de reproches (à sa grande satisfaction, le serveur se confond en excuses et lui offre une nouvelle tasse, alors que c'est elle la responsable).

Nora Durst affiche l'impolitesse de quelqu'un qui a déjà vécu le pire et n'en a « plus rien à foutre » – pour elle, « *I don't give a shit* » est une ponctuation. Elle est impulsive, abrasive, et ne fait jamais rien à moitié. Son deuil est une plaie ouverte, dans laquelle elle n'arrête pas de fourrer son doigt pour s'assurer que la douleur est toujours là. Après s'être fait tatouer un motif qu'elle regrette et qui lui rappelle ses enfants, elle se casse volontairement le bras en claquant la portière de sa voiture dessus. Accro à la douleur, elle engage des prostituées pour lui tirer dessus. Alors qu'elle vient à peine de le rencontrer, elle propose à Kevin de partir à Miami avec elle. Interloqué, ce dernier répond qu'il ne peut pas laisser sa fille seule. « *Fuck your daughter !* » (« On s'en tape de ta fille ! »), lui répond Nora. Sa peine est incommensurable et, d'une certaine manière, la libère des conventions.

Cette veuve n'est pas seulement revêche, c'est une des femmes les plus vénères du petit écran, qui refuse farouchement d'être agréable ou conciliante. S'il y a un personnage féminin qu'il ne faut surtout pas chercher, c'est bien elle : quand elle sort les crocs, elle est redoutable. Au fil de la série, elle agresse verbalement (et parfois physiquement) tous ceux qui ont le malheur de l'importuner, ou même de menacer un tant soit peu son équilibre. Lorsque la fille des voisins, Evie, disparaît dans la saison 2, Nora est enragée, comme si elle seule possédait le monopole de la souffrance. Dans une pulsion particulièrement sombre, même pour elle, elle balance une pierre à travers la fenêtre de la famille endeuillée en plein milieu de la nuit. Quand un prétendu gourou l'aborde dans la rue et lui demande « Voulez-vous vraiment vous sentir comme ça ? », elle lui saute à la gorge : « *Yes. I want to feel this way. Fuck off.* » (« Oui. Je veux me sentir comme ça. Va te faire foutre. »)

Malgré son air froid et féroce, Nora est une boule d'émotions. Elle a juste le tort de ne pas les exprimer comme le font traditionnellement les femmes :

elle ne pleure pas et préfère aboyer. Après avoir craint la disparition de Kevin, elle le menotte à son lit tous les soirs (avec son accord) pour être sûre de ne pas se réveiller seule. Comme la série elle-même, elle oscille constamment entre espoir et scepticisme. Elle se jure de poursuivre et exposer tous les charlatans qui tirent profit du Grand Départ, mais ne peut s'empêcher d'y croire lorsqu'on lui affirme qu'il existe une solution pour revoir ses enfants. Bref, Nora est un beau bordel. Ce personnage complexe n'aurait d'ailleurs jamais eu un tel impact sans la performance monumentale de Carrie Coon, actrice magnétique qui a trouvé en Nora Durst le plus beau rôle de sa carrière. Elle a beau incarner une femme souvent fermée et mutique, on peut toujours lire sur son visage le fourmillement d'émotions contradictoires qui la traversent.

D'un personnage secondaire intrigant, Nora est peu à peu devenue l'âme et l'emblème de *The Leftovers*. C'est sur elle, ses décisions déconcertantes et son long monologue, que repose la fin de la série. Dans cette dernière scène à couper le souffle, Nora raconte une histoire difficile à croire. Elle qui a toujours prôné l'honnêteté la plus extrême, a-t-elle menti ? On a beau avoir revu cette scène des dizaines de fois, on ne connaîtra jamais la réponse. Et c'est tant mieux.

Conclusion

En 2015, John Landgraf, PDG de la chaîne américaine FX, forgeait l'expression « Peak TV ». Selon lui, il y avait « tout simplement trop de programmes télé », et le nombre de séries produites atteindrait bientôt son paroxysme. Sept ans plus tard, on attend toujours que sa prédiction se réalise et que le rythme des sorties ralentisse. En 2021, 559 séries originales ont vu le jour, une augmentation de 5 % par rapport à la période pré-pandémie de 2019. Si les séries vivent enfin leur heure de gloire et attirent tous les talents d'Hollywood et d'ailleurs, la masse de productions ne rime pas toujours avec qualité et rend notre expérience de sériephiles souvent difficile : comment tenir le rythme et faire le tri entre toutes les nouvelles créations ?

Malgré tous ses défauts, s'il y a bien une chose que la Peak TV nous a offerte, c'est une foison de personnages féminins complexes et fascinants. Même dans ce domaine créatif, traditionnellement moins masculin que le cinéma, l'étroitesse des représentations était encore criante il y a dix ans. Lorsque *Orange Is the New Black* a débarqué sur Netflix en 2013, voir plus d'une douzaine d'héroïnes peu maquillées, vieilles, jeunes, grosses, maigres, lesbiennes, trans, bisexuelles, ambiguës, mesquines, brillantes, violentes, terrifiantes, charismatiques, pathétiques était une révolution sans précédent. Comme si une digue s'était enfin brisée. Et depuis, les choses changent très vite.

Alors que nous écrivions ce livre, nous n'avons cessé d'ajouter des personnages et des chapitres. L'offre récente est tellement impressionnante que, si nous avions continué, nous aurions pu remplir quatre tomes. En quelques années seulement, la télé nous a offert des mères étonnantes, comme l'héroïne-titre de *Mrs. Fletcher*, des femmes meurtries, revêches ou politiquement incorrectes, comme celles de *This Way Up*, *Mare of Easttown* ou *Poupée russe*. Des séries comme *Pose*, *Transparent*, *Feel Good*, *Work in Progress* ou *The Bisexual* ont élargi la représentation de la féminité queer, tandis que la comédie *Pen15* a allègrement démoli de nombreux tabous sur les moments les plus sombres et gênants de l'adolescence féminine. *Search Party* nous a offert une des méchantes les plus drôles et loufoques de la télé. Et *Better Call*

Saul a créé, avec Kim Wexler, l'une des héroïnes les plus captivantes de ces dernières années.

Enfin, certaines séries chorales comme *For All Mankind* et ses ambitieuses astronautes, *Betty* et ses skateuses new-yorkaises, ou encore *Yellowjackets* et ses héroïnes sanguinaires, contiennent à elles seules assez de personnages féminins uniques et imparfaits pour remplir un nouveau bouquin…

Vous l'aurez compris, on a eu du mal à s'arrêter. Malheureusement, alors que nos cernes se creusaient à mesure que notre sommaire s'allongeait, il a fallu trancher. Entre le moment où nous avons cessé d'écrire et celui où vous nous lirez, il y a fort à parier que de nouvelles anti-héroïnes auront déjà vu le jour. Ce livre n'aurait donc jamais pu être exhaustif. Mais nous espérons qu'il suscitera des conversations et vous permettra d'apprécier sous un nouveau jour les personnages qui y figurent. De notre côté, écrire ces pages n'a fait qu'approfondir notre amour pour la télé et les femmes imparfaites qui la font vivre.

Remerciements

Merci à toute l'équipe des Pérégrines de nous avoir proposé ce projet et fait confiance tout au long de l'écriture. Et merci en particulier à Alice Peuvot pour son écoute, son enthousiasme et ses retours avisés.

Merci à Jennifer, à Jean-Marie, à Laurène et à Nora pour leurs conseils.

Les remerciements d'Anaïs

Merci à Marie de m'avoir tant appris et de célébrer tous mes pires défauts depuis plus de dix ans.

Merci à M. Franciosa et à Raymonde d'avoir été les premiers à encourager mes ambitions littéraires (M. Franciosa, vous me devez désormais un Coca). Merci à Marielle pour sa relecture.

À mes parents, merci de m'avoir transmis votre amour de la culture, votre goût de l'aventure et vos superbes gènes. Merci de m'avoir partagé votre originalité et de n'avoir jamais sourcillé devant la mienne. Merci d'avoir toujours accepté qui j'étais.

Les remerciements de Marie

Merci à Anaïs de me faire rire, grandir et réfléchir depuis plus de dix ans.

Merci à Marguerite, ma grand-mère chérie, pour sa force de caractère, son sens de la répartie et son amour des histoires bien écrites.

Et, pour les soirées crêpes devant *Buffy*, pour son humour et son courage à toute épreuve, pour ses mots de réconfort et d'encouragement, pour ses conseils et ses relectures, merci à Élisabeth, ma mère et mon héroïne préférée.

Table des matières

Dans la même collection

Petit éloge de la gentillesse, Emmanuel Jaffelin
Petit éloge du charme, Harold Cobert
Petit éloge du transat, Vanessa Postec
Petit éloge des saisons, Pierre Pelot
Petit éloge du catholicisme français, Jean-François Bouthors
Petit éloge de David Bowie, Daniel Salvatore Schiffer
Petit éloge de l'enfant, Pierre Lassus
Petit éloge de la course cycliste, Jean Cléder
Petit éloge des gares, Pierre Lassus
Petit éloge du rugby, Ludovic Ninet
Petit éloge du surf, Joël de Rosnay
Petit éloge de Tintin, Jacques Langlois
Petit éloge de la gourmandise, Nicolas d'Estienne d'Orves
Petit éloge de la gratitude, Olympia Alberti
Petit éloge du baiser, Jérôme Attal,
Petit éloge du running, Cécile Coulon
Petit éloge de la jouissance féminine, Adeline Fleury
Petit éloge de la chanson française, Didier Tronchet

Pour limiter l'empreinte environnementale de leurs livres, Les Pérégrines font le choix de papiers issus de forêts gérées durablement et de sources contrôlées.
Imprimé en France par CPI en août 2022 sur du papier Enso Classic pour l'intérieur et Rives tradition blanc naturel pour la couverture.

IMPRIM'VERT®

Dépôt légal : octobre 2022
N° d'impression : 2066712
ISBN : 979-10-252-0571-6